Epochenumbruch 1900:

Krise der Sprache

HANDREICHUNGEN FÜR DEN UNTERRICHT

Herausgegeben von
Dietrich Erlach und Bernd Schurf

Erarbeitet von
Cordula Grunow, Ulrike Ladnar und Andrea Wagener

Cornelsen

Inhalt

I. Einführung

Um 1900 erlebt Europa einen Epochenumbruch, der alle Bereiche menschlichen Lebens umfasst. In rasantem Tempo vollziehen sich umfassende und brisante naturwissenschaftliche, technische und technologische Veränderungen, eröffnen die „Menschenwissenschaften" neue Blicke auf den Menschen (Sigmund Freud), explodiert die neue Industrie, wachsen in ihrem Gefolge die Großstädte und verwandeln sich in moderne Metropolen mit neuen Verkehrsmitteln, neuen Freizeit- und Konsumangeboten, mit neuer Massenkultur (Boulevardpresse) und neuen Medien wie Film, Rundfunk und beschleunigten Informationswegen (Telegraf, Telefon, Schreibmaschine).

Die bisher gültigen Systeme der Welterklärung versagen angesichts der radikalen Umbrüche der Zeit. In die dadurch entstehenden Sinnkrisen wird auch und vor allem die Sprache involviert. Die Menschen um 1900 leiden daran, dass die ihnen aus dem 19. Jahrhundert überlieferte Sprache erstarrt ist und nicht mehr dazu geeignet zu sein scheint, die neuen Wirklichkeiten adäquat wiederzugeben. Vielmehr tradiert sie Konventionen und Erklärungsmuster, die längst als veraltet oder unwahr erkannt worden sind. Nicht nur für Wirklichkeitserfassung, auch für die authentische Darstellung der eigenen seelischen Befindlichkeit scheint die Sprache nicht mehr geeignet zu sein.

Zur Anlage des Schülerbandes

Dieser Lehrerband (fortan LB) enthält Lösungsvorschläge zu nahezu allen Aufgaben des Schülerbandes (SB abgekürzt). Darüber hinaus enthält er, ebenfalls verbunden mit Lösungsvorschlägen, einige Zusatztexte, die die Lehrerin/der Lehrer zur vertiefenden Information nutzen oder aber auch in den Unterricht, z. B. als Grundlage für Hausaufgaben oder Referate, eingeben kann. Das Zusatzangebot enthält auch ein sprachphilosophisches Spiel, mit dem die Schülerinnen und Schüler die Erkenntnisse aus dem Schülerband aus verschiedenen Perspektiven und sowohl aus historischer als auch aus zeitgenössischer Sicht selbstständig anwenden können. Außerdem findet sich dort der Vorschlag für ein kreatives sprachphilosophisches Fotografieprojekt. Klausurvorschläge mit Erwartungshorizont runden den Band ab.
Der SB ist dreischrittig gegliedert:

In **Teil A** (Einstiege: Ich – Wort – Ding) geht zunächst anhand moderner sprachwissenschaftlicher und philosophischer Texte sowie von Bildern der Frage nach, wie Verständigung über die Wirklichkeit überhaupt funktioniert. Die Schülerinnen und Schüler sollen sich dabei vor allem mit dem Verhältnis von Ding, Wort und Bild auseinander setzen. Am Ende des Kapitels A finden sie grundlegende Informationen zur Sprach- und Erkenntniskrise um 1900.

Im **Teil B** (Die Moderne: Sprachkrise, Sprachkritik und neue Wege) lernen die Schülerinnen und Schüler wichtige Texte aus der Zeit der Jahrhundertwende kennen, die die damalige Wahrnehmung der Lebens-, Sinn- und Sprachkrise exemplarisch zum Ausdruck bringen. An Textsorten bietet das Kapitel Ausschnitte aus Theaterstücken, Essays, wissenschaftlichen und philosophischen Abhandlungen sowie Gedichte. (Für das Thema ‚Erzählen um 1900' ist ein gesonderter Band vorgesehen.)
Das **Kapitel B 1** (Sprachskepsis und Sprachkrise) befasst sich vor allem mit Arthur Schnitzlers *Anatol* und *Der einsame Weg* sowie mit Hugo von Hofmannsthals *Ein Brief* und *Der Schwierige*. Bei der Arbeit an diesen Texten lernen die Schülerinnen und Schüler, wie existenziell das Leiden an der Sprache erfahren wird. Im Mittelpunkt steht dabei die Wahrnehmung, dass durch die Willkürlichkeit sprachlicher Zeichen die Dinge und Sachverhalte der Wirklichkeit sich ihrer Wahrnehmung und Mitteilung entziehen.
In **Kapitel B 2** (Sprachkritik) wird zunächst die kritische Auseinandersetzung mit Sprache akzentuiert, wie sie philosophisch Friedrich Nietzsche, sprachwissenschaftlich Fritz Mauthner

und politisch Karl Kraus vorgenommen haben. Den Abschluss des Kapitels B 2 bilden Gedichte aus der Zeit der Jahrhundertwende, die die Sprache thematisieren.

Das **Kapitel B 3** spannt den Bogen von der Seins- und Sprachkrise um 1900 bis zur – von manchem Kritiker befürchteten – „Seins- und Sprachkrise um 2000". Mit seinem Schwerpunkt „Film und Medien" dient es vor allem der Medienerziehung der Jugendlichen und greift so neben dem Epochenumbruch um 1900 ein weiteres obligatorisches Thema der Richtlinien für den Deutschunterricht in der S II (NRW) auf.

Der Abschnitt **B 3.1** (Synthese und Synästhesie: Auswege aus der Sprachkrise) knüpft über den Text Hofmannsthals und die im Epochenumbruch um 1900 entstandenen Bilder an die in den ersten Kapiteln thematisierte Problematik an, um in dem Aufkommen eines neuen Mediums, dem Film (Abschnitt **B 3.2**: „Unwirkliche Wirklichkeit": Kinematografie), eine mögliche Lösung für die Sprachkrise aufzuzeigen. Die Beispiele zu Film und Kino werden dabei immer wieder an aktuelle Spielfilme und Kinoerlebnisse geknüpft, sodass den Schülerinnen und Schülern Gelegenheit gegeben wird, den historischen Rahmen (1900) zu verlassen, zu aktualisieren und ihre eigenen Erfahrungen und vor allem ihre Kenntnisse im Umgang mit Film und Filmcode einzubringen.

Der Abschnitt **B 3.3** („Illusionsmaschine", „Traumfabrik" und „Kulturschock": die Kinodebatte) bietet eine Fülle an unterschiedlichen Textauszügen zur Kino- und Filmkritik, die den Schülerinnen und Schülern Einblicke in die Widerstände, mit denen neu aufkommende Medien zu kämpfen haben, ermöglichen. Die Reflexion über das Verhältnis von Bild und Sprache, Film und Literatur, die gegenseitige Befruchtung und Abgrenzung, lenkt den Blick auf die spezifischen Eigenheiten literarischer und filmischer Sprache.

Heute können wir uns kaum die Auswirkungen der Medien in früheren Zeiten vorstellen. Manch Intellektueller (und Lehrer) warnt heute mit ähnlicher Intensität vor dem Verlust der Lesekompetenz und des Leseinteresses der Jugendlichen wie vor etlichen hundert Jahren vor den moralischen Folgen des Druckens gewarnt wurde. In der Arbeit mit dem Abschnitt **B 3.4** („Das Ende der Kultur? – Das Ende des Menschen?": Medienumbrüche und Medienkritik) soll den Schülerinnen und Schülern die jahrtausendealte Tradition der Medienkritik bewusst werden. Sie sollen in der Auseinandersetzung mit den unterschiedlichen Positionen zwischen Kultur-/Medieneuphorie und -pessimismus ihren eigenen Standpunkt im Zeitalter der sich immer schneller entwickelnden Medien bestimmen lernen.

Das Massenmedium Internet steht als „seelenloser Datenraum" besonders in der Kritik der Medientheoretiker. Manche sehen in der Computergeneration die Verwirklichung negativer Gesellschaftsutopien und warnen „Internet-Junkies" vor der „Online-Sucht". Durch den Kontakt zu virtuellen Kommunikationsgemeinschaften werde Identität sukzessive umgestaltet zu einem „Online-Leben", das sich vom realen Leben unterscheide. Wo die Skeptiker des Cyberspace Desorientierung, Isolation und Entfremdung der Nutzer und den Verlust von Autorenschaft, Privateigentum und Kontrollmöglichkeiten befürchten, sehen die Befürworter die Ideale der postmodernen Gesellschaft im Internet verwirklicht: Interaktivität und Multimedialität, Neudefinition von Raum, Zeit und Identität durch die raum- und zeitübergreifende, unkörperliche Präsenz der Nutzer im Netz, Dezentralisierung durch die demokratische Kommunikationsstruktur jenseits herrschender Hierarchien, Geschlechterrollen, nationaler und kultureller Herkunft, Alter und sozialem Status.

Im **Teil C** (Sprache im Internet: :-) oder ;-(?) können die Schülerinnen und Schüler besonders ihre eigenen Erfahrungen im Umgang mit der „Online-Kommunikation" einbringen und Anregungen zum kreativen Arbeiten nutzen. Durch die Konzentration auf das Problem „Sprache im Internet" wird der Kreis geschlossen: Der Zusammenhang zwischen Gedächtnis, Sprache und Medium (Computer) und das Verhältnis von Realität, virtueller Realität und Sprache wird beleuchtet und hinterfragt.

Die **Klappentexte** ermöglichen es den Schülerinnen und Schülern, das erforderliche sprachwissenschaftliche Hintergrundwissen sowie die wichtigsten analytischen Zugehensweisen an dramatische und sachlich-argumentative Texte stets verfügbar zu haben.

II. Hinweise zu den Kapiteln, Texten und Aufgaben

A Einstiege: Ich – Wort – Ding

In dieser einleitenden Sequenz geht es um den Zusammenhang zwischen Sprache, Denken und Wirklichkeit.

▶ S.3

1 Papa fliegt!

ZU DEN ARBEITSANREGUNGEN

1. a) Wirklichkeit und sprachliche Formulierung:

▶ S.4

„Fliegen" bezeichnet den Sachverhalt „sich durch die Luft bewegen". In dem Satz „Der Vogel fliegt" ist (nach den Modellvorstellungen von Ferdinand de Saussure und Charles Kay Ogden/Ivor Armstrong Richards) der Zusammenhang zwischen dem **Bezeichnenden** [fli:gt] und dem **Bezeichneten** (sich durch die Luft bewegen) eindeutig und fest. In den anderen Sätzen aber greift die sprachliche Formulierung, die Wahl des Wortes *fliegen*, nur einzelne Momente dieses „concepts" auf, die zudem Bestandteil einer bildlichen/metaphorischen Ausdrucksweise werden. Schon zwischen dem *Fliegen* eines Vogels und dem *Fliegen* eines Flugzeugs bestehen neben den vergleichbaren Merkmalen (dem Sich-in-der-Luft-Befinden, das beim vergleichenden Wahrnehmen von Vogel und Flugzeug dominant ist) erhebliche Unterschiede in anderen Merkmalen (der Vogel kann von sich aus fliegen, das Flugzeug bedarf eines Piloten), die durch den gemeinsamen Begriff „fliegen" übergangen werden. In dem Satz „Morgen fliege ich nach New York" unterstellt die Formulierung sprachlich eine Eigentätigkeit des Sprechers, die er in Wirklichkeit nicht vornimmt. Er hat ein Ticket gekauft und wird sich in ein Flugzeug setzen, das von einem Piloten fortbewegt wird, er wird also mittels eines Flugzeugs reisen. In dem Satz „Ich bin gleich bei dir, ich fliege" wird ein anderes Merkmal des „Sich-durch-die-Luft-Bewegens" metaphorisch eingesetzt: Die vom Sprecher intendierte Bewegung (sich beeilen) wird mit der möglichen Geschwindigkeit des freien, ungehemmten, von niemandem aufhaltbaren *Fliegens* verglichen. In dem Satz „Meine Gedanken fliegen zu dir" wird dieser metaphorische Aspekt noch deutlicher, da das für das Fliegen wichtige Merkmal einer realen Bewegungsveränderung von einem Ort zu einem anderen hier entfällt.

1. b) Das Wort „fliegen" ersetzen:

Der Vogel fliegt: bewegt sich durch die Luft

Meine Gedanken fliegen zu dir: sind bei dir; überwinden jede Trennung

Morgen fliege ich nach New York: reise ich per Flugzeug

Ich bin gleich bei dir; ich fliege: ich beeile mich.

Der Satz „Papa fliegt!" ist ohne Kontextualisierung nicht eindeutig deutbar. In einem fantasievollen Kinderbuch könnte Papa durchaus vogelgleich schweben; der Satz könnte eine Antwort auf die Frage nach der Art des Verkehrsmittels sein, mit dem Papa verreist; seine Entlassung könnte drohen u. v. a. m.

Im Anschluss an die Bearbeitung dieser Arbeitsanregung könnten die Schülerinnen und Schüler weitere Sätze mit dem Begriff „fliegen" formulieren und deuten:

- aus der Klasse fliegen
- von der Schule fliegen
- aus dem Job fliegen
- durchs Examen fliegen
- fliegende Fische
- ein Buch mit fliegenden Blättern
- fliegende Untertassen
- auf jemanden fliegen
- eine Tür fliegt ins Schloss
- jemandem um den Hals fliegen
- in die Luft fliegen
- fliegender Händler
- fliegender Puls

2. a) bis c) Gedankenexperiment:

In Jostein Gaarders Buch „Sofies Welt" gilt die Fähigkeit sich zu wundern, sich (noch!) wundern zu können, sich also der gewohnten Welt- und Lebenswahrnehmung widersetzen zu können, als Voraussetzung für philosophisches Denken. Ein kleines Kind wundert sich gleichzeitig über alles (was real existiert) und über nichts in dem Sinn, dass es alles für möglich (also real existierbar) hält, also auch einen fliegenden Papa.

Der Satz des kleinen Thomas („Papa fliegt") ist denn auch ohne größere Aufgeregtheit gesprochen, benennt einfach eine der vielen „seltsamen" Tätigkeiten, deren Vater fähig ist, eines der erstaunlichen Rätsel der Welt, denen Thomas täglich begegnet. Die Mutter „dreht sich resolut um" (SB ▶ S. 3, Z. 20 f.) – vermutlich nur, um ihren (vielleicht sich häufig in Fantasien verstrickenden) Sohn zurechtzuweisen. Damit, dass der Vater real fliegt, hat sie nicht gerechnet: „sie heult vor Entsetzen auf" (Z. 25). In ihr Konzept der real existierenden Wirklichkeit passt kein fliegender Ehemann, deswegen reagiert sie emotional, verunsichert, verzweifelt.

Das Erkenntnissubjekt Thomas verhält sich nach der im Folgenden zu Aufgabe 4 erläuterten These I, das Erkenntnissubjekt Mutter nach These II.

▶ S. 5 **3. Mögliche Schaubilder:**
Die Schaubilder der Schülerinnen und Schüler können unterschiedlich ausfallen. Das nachfolgende Schaubild versucht, vier denkbare Varianten zu integrieren:

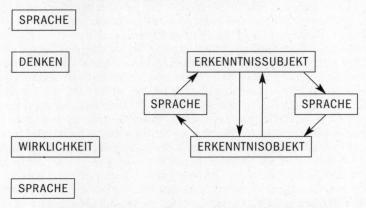

SPRACHE

DENKEN   ERKENNTNISSUBJEKT

SPRACHE   SPRACHE

WIRKLICHKEIT   ERKENNTNISOBJEKT

SPRACHE

Diskussionswürdig allerdings sind vor allem folgende beiden Thesen:

I. These: Sprache kann die Wirklichkeit so darstellen, wie sie real ist. Diese Wirklichkeit existiert objektiv und unabhängig von menschlicher Wahrnehmung und ist durch Sprache abbildbar; die beschriebenen Sachverhalte sind für alle Menschen in gleicher Weise gegeben.

II. These: Sprache beeinflusst durch ihre Ordnungsprinzipien die Wirklichkeitswahrnehmung der gesamten Sprachgemeinschaft/des einzelnen Sprechers dieser Sprachgemeinschaft so stark, dass man behaupten kann, sie determiniere die Wirklichkeit regelrecht.

4. Modellvorstellung von B. L. Whorf:
Benjamin Lee Whorf vertritt die These II, auch „Sapir-Whorf-These" genannt. Seiner Ansicht nach bestimmt also Sprache die gedankliche Aneignung der Wirklichkeit durch die ihr immanenten Strukturprinzipien und damit die Wirklichkeit selbst („linguistisches Relativitätsprinzip"):

Um die in den Aufgaben 3. und 4. angesprochenen Thesen zu problematisieren, könnte der Gedanke vertieft werden, ob/inwiefern bei Sprechern verschiedener Muttersprachen auch eine unterschiedliche Wirklichkeitsauffassung, ein unterschiedliches Weltbild vorliegt (wie im Text von Whorf erläutert). Dazu könnten Unterschiede lexikalischer und grammatikalischer Art zwischen dem Deutschen und den Muttersprachen nicht deutscher Schülerinnen und Schüler gesammelt werden. (Beispiel: Dem russischen Wort „ruka" entsprechen im Deutschen und Englischen jeweils drei Wörter: Arm, Hand, Handinnenfläche [arm, hand, palm]).
Wünschenswert wäre ein fächerübergreifendes Projekt zum Thema „Übersetzen literarischer Texte".

ZUSATZTEXT

Benjamin Lee Whorf

Das „linguistische Relativitätsprinzip"

(Aus: Ders.: Sprache, Denken, Wirklichkeit. Beiträge zur Metalinguistik und Sprachphilosophie. Rowohlt Verlag [rowohlts deutsche enzyklopädie], Reinbek bei Hamburg 1963, S. 12)

Diese Tatsache ist für die moderne Naturwissenschaft von großer Bedeutung. Sie besagt, dass kein Individuum Freiheit hat, die Natur mit völliger Unparteilichkeit zu beschreiben, sondern eben, während es sich am freiesten glaubt, auf bestimmte Interpretationsweisen beschränkt ist. Die relativ größte Freiheit hätte in dieser Beziehung ein Linguist, der mit sehr vielen äußerst verschiedenen Sprachsystemen vertraut ist. Bis heute findet sich noch kein Linguist in einer solchen Position. Wir gelangen daher zu einem neuen Relativitätsprinzip, das besagt, dass nicht alle Beobachter durch die gleichen physikalischen Sachverhalte zu einem gleichen Weltbild geführt werden, es sei denn, ihre linguistischen Hintergründe sind ähnlich oder können in irgendeiner Weise auf einen gemeinsamen Nenner gebracht werden (be calibrated).

Dieser ziemlich überraschende Schluss wird nicht so deutlich, wenn wir nur unsere modernen europäischen Sprachen miteinander vergleichen und vielleicht zur Sicherheit noch Latein und Griechisch dazunehmen.

Unter diesen Sprachen herrscht eine Einstimmigkeit der Grundstrukturen, die auf den ersten Blick der natürlichen Logik Recht zu geben scheint. Die Einhelligkeit besteht jedoch nur, weil diese Sprachen alle indoeuropäische Dialekte sind, nach dem gleichen Grundriss zugeschnitten und historisch überkommen aus dem, was vor sehr langer Zeit eine Sprachgemeinschaft war; weil die modernen Dialekte seit langem am Bau einer gemeinsamen Kultur beteiligt sind; und weil viele der intellektuelleren Züge dieser Kultur sich aus dem linguistischen Hintergrund des Lateinischen und des Griechischen herleiten.

Diese Sprachgruppe erfüllt daher die spezielle Bedingung des mit „es sei denn" beginnenden Nebensatzes in der Formel des linguistischen Relativitätsprinzips am Ende des vorhergehenden Absatzes. Aus dieser Sachlage ergibt sich auch die Einstimmigkeit der Weltbeschreibung in der Gemeinschaft der modernen Naturwissenschaftler. Es muss aber betont werden, dass „alle modernen indoeuropäisch sprechenden Beobachter" nicht das Gleiche ist wie „alle Beobachter". Wenn moderne chinesische oder türkische Naturwissenschaftler die Welt in den gleichen Termini wie die westlichen Wissenschaftler beschreiben, so bedeutet dies natürlich nur, dass sie das westliche System der Rationalisierung *in toto* übernommen haben, nicht aber, dass sie dieses System von ihrem eigenen muttersprachlichen Gesichtspunkt aus mitaufgebaut haben.

Deutlicher wird die Divergenz in der Analyse der Welt, wenn wir das Semitische, Chinesische, Tibetanische oder afrikanische Sprachen unseren eigenen gegenüberstellen. Bringen wir gar die Eingeborenensprachen Amerikas hinzu, wo sich einige tausend Jahre lang Sprachgemeinschaften unabhängig voneinander und von der Alten Welt entwickelt haben, dann wird die Tatsache, dass Sprachen die Natur in vielen verschiedenen Weisen aufgliedern, unabweisbar. Die Relativität aller begrifflichen Systeme, das unsere eingeschlossen, und ihre Abhängigkeit von der Sprache werden offenbar. Dass amerikanische Indianer, die nur ihre Eingeborenensprache beherrschen, niemals als wissenschaftliche Beobachter herangezogen werden, ist hier völlig irrelevant. Das Zeugnis auszuschließen, welches ihre Sprachen über das ablegen, was der menschliche Geist tun kann, wäre ebenso falsch, wie von den Botanikern zu fordern, sie sollten nur Gemüsepflanzen und Treibhausrosen studieren, uns dann aber berichten, wie die Pflanzenwelt aussieht.

ZUSATZTEXTE

Jostein Gaarder

Ein weißes Kaninchen

(Aus: Ders.: Sofies Welt. Aus dem Norwegischen v. Gabriele Haefs. Carl Hanser Verlag, München/Wien 1993, S. 27 f.)

Ein weißes Kaninchen wird aus einem leeren Zylinder gezogen. Weil es ein sehr großes Kaninchen ist, nimmt dieser Trick viele Milliarden von Jahren in Anspruch. An der Spitze der dünnen Haare werden alle Menschenkinder geboren. Deshalb können sie über die unmögliche Zauberkunst staunen. Aber wenn sie älter werden, kriechen sie immer tiefer in den Kaninchenpelz. Und da bleiben sie. Da unten ist es so gemütlich, dass sie nie mehr wagen, an den dünnen Haaren im Fell wieder nach oben zu klettern. Nur die Philosophen wagen sich auf die gefährliche Reise zu den äußersten Grenzen von Sprache und Dasein. Einige von ihnen gehen uns unterwegs verloren, aber andere klammern sich an den Kaninchenhaaren fest und rufen den Menschen zu, die tief unten im weichen Fell sitzen und sich mit Speis und Trank den Bauch vollschlagen.

„Meine Damen und Herren", rufen sie, „wir schweben im leeren Raum!"

Aber keiner der Menschen unten im Fell interessiert sich für das Geschrei der Philosophen. „Himmel, was für Krachschläger", sagen sie. Und dann reden sie weiter wie bisher: Kannst du mir mal die Butter geben? Wie hoch stehen heute die Aktien? Was kosten die Tomaten?

Peter Høeg

Wortloses Verstehen

(Aus: Ders.: Fräulein Smillas Gespür für Schnee. Aus dem Dänischen v. Monika Wesemann. Carl Hanser Verlag, München/Wien 1994, S. 199)

Es gibt nur eine Art und Weise, eine andere Kultur zu verstehen. Sie zu leben. In sie einzuziehen, darum zu bitten, als Gast geduldet zu werden, die Sprache zu lernen. Irgendwann kommt dann vielleicht das Verständnis. Es wird dann immer wortlos sein. In dem Moment, in dem man das Fremde begreift, verliert man den Drang, es zu erklären. Ein Phänomen erklären heißt, sich davon entfernen.

2 Was ist ein Apfel?

ZU DEN ARBEITSANREGUNGEN

▶ S. 6 **1. Cluster zum Wort „Apfel":**
In das Cluster sollen vor allem individuelle Assoziationen und Konnotationen eingehen. Das Cluster könnte auch gemeinsam an der Tafel erstellt werden. Danach könnten die Schülerinnen und Schüler ein kurzes Gedicht zum Thema „Apfel" verfassen, das mindestens zwei Wörter aus dem Cluster aufnimmt, beispielsweise ein Haiku (japanische Gedichtform, dreizeiliges Gedicht aus 17 Silben, die symmetrisch 5 – 7 – 5 auf die Zeilen verteilt sind). Die Gedichte können dann im Klassenzimmer aufgehängt und mit der Textsammlung (SB ▶ S. 5 f.) beim Erarbeiten der 2. Arbeitsanregung als Material dienen.

▶ S. 7 **2. a) Was mit „Apfel" gemeint ist:**
„Apfel" ist hier meist als Teil eines Kompositums gebraucht und enthält von daher teilweise Bedeutungen, die mit seiner eigentlichen Bedeutung (vgl. Wahrig: Deutsches Wörterbuch) meist nur noch einen Teil der Bedeutungsmerkmale gemeinsam haben (am deutlichsten in „Rossapfel": gemeinsames Bedeutungsmerkmal ist nur noch die Form!; oder „Apfelschimmel": gemeinsames Merkmal ist nur die Farbmusterung).

2. b) Wörter, Sätze und Gedichte zum Wort „Apfel":
In Kapitel A 2 kommen als Erweiterung zu dem Ansatz in Kapitel A 1 hinzu:
- poetische Verwendung eines Wortes (Franz Werfel, Heinrich Heine, Johann Wolfgang Goethe, Franz Kafka); Piktogramme (Theodor Kornfeld, Reinhold Döhl);
- eine sprachphilosophische Überlegung (Ludwig Wittgenstein);
- eine bildliche Darstellung (René Magritte).

3. Referate über R. Magritte und L. Wittgenstein Kurzinformation: René Magritte (1898–1967) ist ein bel- ▶ S. 7
gischer Vertreter des Surrealismus; im Jahre 1925 stieß er zu einer Gruppe von Surrealisten und arbeitete
dann in Paris. Er war mit dem französischen Dichter Paul Eluard (vgl. Gedicht „Das Wort", SB ▶ S. 44) be-
freundet.

In Magrittes Bildern geht es häufig um Überraschungseffekte, durch die er unreflektierte ritualisierte Seh-
und Wahrnehmungsgewohnheiten aufbrechen will. In „Ceci n'est pas une pomme" besteht diese Über-
raschung in dem scheinbaren Widerspruch zwischen Bildinhalt und Bildaufschrift, der bei genauer Reflexion
verdeutlicht, dass selbst ein realistisches Bild/Abbild eben nicht die Wirklichkeit selbst darstellt (das Bild
des Apfels beispielsweise ermöglicht nur eine optische Wahrnehmung, andere sinnliche Wahrnehmungs-
möglichkeiten – Geruch, Geschmack usw. –, alle emotionalen, assoziativen, auch von Erinnerung gespeiste
Konnotationen und Erfahrungen, die in der realen Begegnung eines „Ich" mit einem „Apfel" mitschwingen,
sind nicht darstellbar).

Ludwig Wittgenstein (1889–1951) war ein bedeutender Sprachphilosoph und Logiker des so genannten
Wiener Kreises. Seine Ausbildung erhielt er u. a. in Cambridge als Schüler von Bertrand Russell. Im Jahre
1921 erschien seine „Logisch-philosophische Abhandlung", die 1922 in einer deutsch-englischen Ausgabe
unter dem Titel „Tractatus logico-philosophicus" erneut aufgelegt wurde. In diesem Buch untersucht Wittgenstein philosophische Probleme durch logische Analysen. Der Philosophie weist er die Aufgabe zu, die
Sprache logisch zu analysieren. In den Aphorismen „Das genaueste Bild ..." weist er ebenfalls auf die Dis-
krepanz zwischen einem realen Ding und seinem Abbild hin.

4. Piktogramme / Figurengedichte:
Der Barockdichter Th. Kornfeld wählt die äußere Form eines Apfels; in diese Form integriert er ein zwölf-
zeiliges, im Paarreim verfasstes Gedicht – der „Stiel" ist bereits der erste Vers. In diesem Gedicht wendet
sich ein Apfel an seinen Betrachter und klärt diesen über sich und seine Bedeutung auf. Das Piktogramm
R. Döhls ist demgegenüber schon vom äußeren Erscheinungsbild her simpler; inhaltlich ist es auf einen Gag
aufgebaut, fast bemerkt man beim oberflächlichen Betrachten den „Wurm" nicht, der im Apfel versteckt ist.

3 Und was ist eine Pfeife?

ZU DEN ARBEITSANREGUNGEN

2. a) und b) Produktive Aufgaben: ▶ S. 8
Durch die beiden produktiven Aufgaben soll deutlich werden, dass ein Wort den konkreten Erfahrens- und
Erlebnishorizont, mit dem ein Sprecher es assoziiert, nicht wiedergeben kann. So könnte sich Anna Freud
bei intensivem Pfeifengeruch unwillkürlich an Sommer, Jugend, Glück, Nähe zum Vater, Vertrautheit mit ihm
erinnern, das Wort von daher positiv besetzen und im Gespräch mit jemandem, der das Wort mit negativen
Konnotationen versieht, trotz der Eindeutigkeit des Wortes „Pfeife", in kommunikative Irritationen geraten.

3. a) Surrealismus:
Kurzinformation: Im Surrealismus versuchen Maler und Dichter, ihre ästhetischen Bilder und Imaginationen
direkt dem Unterbewusstsein, häufig dem Traum zu entnehmen; sie vollziehen also quasi künstlerisch
S. Freuds wissenschaftliche Entdeckungen nach. In „Knaurs Lexikon moderner Kunst" heißt es:
„Man wollte in ein neues Erfahrungsgebiet gelangen, in ein Grenzgebiet neben der Dingwelt, in dem „die
bisher widersprüchlichen Bedingungen von Traum und Wirklichkeit in eine absolute Wirklichkeit, in eine
Superwirklichkeit" (Breton) aufgelöst werden sollten. Neben das vertraute, von der Vernunft gesicherte
Weltbild sollte nun als künstlerisches Neuland der Bereich der Fantasie, der Ahnung, des Irrationalen
treten, die Innenwelt zum Jagdgrund der Entdeckungen werden. Breton schreibt in seinem ersten Manifest:
„Ich glaube an die künftige Lösung dieser beiden äußerlich so widersprüchlich erscheinenden Zustände
– Traum und Wirklichkeit – in einer Art von absoluter Wirklichkeit – von ‚surréalité'". Zweifellos wurde diese
Bewegung durch die Schriftsteller des Fantastischen, durch Novalis und die Romantiker schon, durch
Gérard de Nerval, Lautréamont, durch Rimbaud, aber auch durch die Philosophie Hegels vorbereitet. Wenn
die traditionelle Ästhetik auf der verstandesmäßigen Entdeckung der verschiedenen Beziehungen der Dinge
untereinander beruht, so besteht die Rolle des Surrealismus in der Entdeckung neuer Rapporte zwischen

den Objekten mithilfe des Unbewussten. Der Maler lässt sich nicht mehr durch die althergebrachten künstlerischen Ausdrucksmittel leiten. Die körperlich greifbare, die visuelle Welt sollte, wie das ja auch im Traum der Fall ist, in dem Dinge erscheinen und Personen agieren, zum Medium für dunklere und magische Zusammenhänge werden. Gerade die Dinge der vertrauten Wirklichkeit können ja äußerst seltsame Wirkungen hervorrufen, sie können wunderbar oder absurd wirken, wenn sie in einem ungewohnten Licht oder in ungewohnter Kombination mit anderen Dingen erscheinen."

(Quelle: Knaurs Lexikon moderner Kunst. L.G. Buchheim (Hrsg.). Droemersche Verlagsanstalt, München/Zürich 1955, S. 291)

▶ S. 8 **3. b) Bildunterschriften René Magrittes:**
(Vgl. auch LB ▶ S. 8 zu Kapitel A 2, Arbeitsanregung 3)
Magrittes Arbeiten sind sprachphilosophisch gesehen Aussagen zum Verhältnis von Ding, Bild und Wort. Das Bild zeigt einen konkreten Gegenstand; also weder das „Ding an sich" noch das – andere – konkrete Ding, das für die jeweiligen Betrachtenden und ihr Leben eine Rolle spielt (wie vermutlich die Pfeife des Vaters für Anna Freud eine prägende Kindheitserinnerung ist). Dieses Bild spricht überdies primär/ausschließlich die optischen Wahrnehmungskanäle an, die nicht unbedingt die einzig relevanten sein müssen. (Für die erwachsene Anna Freud könnte beispielsweise zufälliger Tabakgeruch Erinnerungen an den Vater auslösen, an Gespräche, an Nähe). – Insofern ist das „Bild" einer Pfeife eben keine Pfeife. Sprachphilosophisch gesehen wäre noch zu ergänzen, dass und inwiefern auch das Wort „Pfeife" das „Individuelle und Wirkliche" des jeweiligen Gegenstands „Pfeife" übergeht (vgl. LB ▶ S. 27 f. zu Abschnitt B 2.1 Nietzsche).

4. Bezug Jürgen Czaschkas auf René Magritte:
Jürgen Czaschkas Rekurrieren auf das Bild Magrittes lässt den Gedanken von Aufgabe 2 weiterspinnen. Wie um den Epochenumbruch zur Moderne um 1900 die Erkenntnis reift, dass die Worte sich „vor die Dinge" gestellt haben (vgl. vorderer innerer Klappentext), so haben sich jetzt selbst Bilder „vor die Bilder" gestellt; Worte „zitieren" Worte, Bilder „zitieren" Bilder. Damit liegt ein typischer postmoderner Gestus vor.

▶ S. 9

4 Sprachkrise um 1900

ZU DEN ARBEITSANREGUNGEN

▶ S. 12 **1. Zentrale Fragestellungen:**
Die Zitate und Aphorismen kreisen um alle in den Kapiteln B 1 und B 2 relevanten Fragestellungen:
● Sprache ist von Konventionen geprägt. (F. de Saussure) ● Wörter sind willkürlich vereinbarte, beliebige Zeichen. (F. Mauthner) ● Die „Dinge" (Tatbestände und Sachverhalte der Wirklichkeit) sind hinter den Worten verborgen. (H. v. Hofmannsthal) ● Durch Sprache in Worte gefasste Erkenntnis tötet die Fähigkeit authentischer Erfahrungen und Gefühle. (R. Musil) ● „Alte" Wörter müssen weiterverwendet werden, obwohl die Inhalte, die sie einst bezeichnet haben, nicht mehr gültig sind. (R. Musil) ● Wörter generalisieren und entindividualisieren. (L. Wittgenstein) ● Es gibt eine Wirklichkeit, für die es keine Worte gibt. (L. Wittgenstein)

2. a) Schlüsselbegriffe:
Die wichtigsten Schlüsselbegriffe des Textes sind: Philosophie, Erkenntnistheorie, Sprachkrise, Lebensform, Neurose, Diagnose und Therapie. Durch die letzten drei (medizinischen) Fachbegriffe erscheint die Sprachkrise um 1900 als eine kollektive Krankheit; die Sprache kann nach Ursula Keller dabei sowohl als Ursache der Krise als auch als heilendes Mittel zu ihrer Überwindung gelten.

2. b) Phänomene im gegenwärtigen Sprachgebrauch:
Die heutige Umbruchsituation ist für Schülerinnen und Schüler leicht auszumachen (Globalisierung, Mediengesellschaft, Informationsgesellschaft u. a.). Beispiele für zeitgenössische Veränderungen finden sich in Kapitel B. Teil B 3.4 liefert Beispiele für Veränderungen im Sprachgebrauch durch neue Kommunikationsformen im Internet.

B Die Moderne: Sprachkrise, Sprachkritik und neue Wege

1 Sprachskepsis und Sprachkrise

1.1 Arthur Schnitzler (1862–1931)   ▶ S. 13

Die Frage an das Schicksal   ▶ S. 14

Zum Text: Arthur Schnitzlers „Anatol" ist ein Einakter-Zyklus, entstanden ab 1888; die erste Uraufführung eines dieser Einakter („Abschiedssouper") fand 1893 statt; „Die Frage an das Schicksal" wurde 1896 erstmals aufgeführt.

Die Vorliebe für Einakter – die sich auch in A. Schnitzlers spätem dramatischem Werk zeigt – ist insgesamt typisch für das Theaterschaffen um die Jahrhundertwende (vgl. z.B. Hugo v. Hofmannsthal, August Strindberg, Anton Tschechow, Maurice Maeterlinck), das mit diesen pointierten „Quarts d'heure" (A. Strindberg), den das Leben verdichtend darstellenden Momentaufnahmen, auf die veränderten Lebens- und Wahrnehmungsformen des Publikums in den rasch wachsenden Großstädten (Verkehrsmittel, Beschleunigung des Arbeits- und Lebenstempos, Vielfalt neuer Unterhaltungs- und Freizeitmöglichkeiten) reagiert.

Der Einakterzyklus „Anatol" besteht aus sieben Episoden aus dem Leben der Hauptperson, die beliebig – und austauschbar – aneinander gereiht sind und in denen Anatol unterschiedliche Beziehungen zu verschiedenen Mädchen und Frauen unterhält und/oder über diese Erfahrungen spricht, häufig – wie im vorliegenden Fall – mit seinem Freund Max. Anatol lebt im und vom Augenblick. Sein Leben gewinnt keine Konturierung, an keiner Stelle ist eine bewusste Gestaltung seiner gegenwärtigen oder eine zielorientierte Planung seiner zukünftigen Lebenspraxis erkennbar. Fehlt im erlebten und/oder besprochenen erotischen Augenblick die Perspektive der Zukunft, so ist ihm die Vergangenheit stets immanent. Hierin wird oft der biografische Bezug zum Autor gesehen, der beispielsweise 1890 an Olga Waissnix schreibt:

„Es ist positiv eine Art Krankheit, an der ich leide; generell gehört sie zu derselben, an der Menschen laboriren, die in jedem Gesicht den Todtenkopf sehen."

Diese Gleichzeitigkeit der Wahrnehmung von Liebe und Tod, das Ausgeliefertsein an Eros und Thanatos, um mit den Kategorien der Freud'schen Psychologie zu sprechen, prägt auch die vorliegende Szene („während wir selig sind … weiß ich, dass sie mich betrügt", SB ▶ S. 15, Z. 6 f. Textausschnitt unten): Im intensiven erotischen Moment ist sich Anatol bereits dessen Endes bewusst.

LITERATURHINWEIS

Arthur Schnitzler – Olga Waissnix. In: Therese Nickl und Heinrich Schnitzler (Hrsg.). Wien/München/Zürich 1970, S. 224

ZU DEN ARBEITSANREGUNGEN

1. a) Eigene Fragen an das Schicksal formulieren: ▶ S. 14
Die Schülerinnen und Schüler werden unter den angeführten Kategorien vermutlich relevante Fragen zu ihrem persönlichen Lebensweg (privates Glück, beruflicher Erfolg) oder zu allgemein politisch-gesellschaftlichen Rahmenbedingungen für diesen Lebensweg (z.B. Frieden) stellen. Diese Fragen werden voraussichtlich alle im Futur und überwiegend als Entscheidungsfrage (z.B. „Werde ich Kinder haben?") formuliert sein. Diese Fragen sollten im Unterricht besprochen und kategorisiert werden; vor allem aber dienen sie als Folie für Anatols „Frage an das Schicksal", die keinerlei zukunftsorientierte Komponente aufweist, sondern sich lediglich darauf beschränkt, wissen zu wollen, ob seine derzeitige Geliebte Cora – der er seinerseits nicht einmal treu ist – ihm im Moment treu ist.

ZUR ARBEITSANREGUNG

▶ S. 15   Die Entdeckung der Hypnose kann hier stellvertretend für Freuds Entdeckung des Unbewussten stehen, die um die Jahrhundertwende große Irritationen auslöste, bedeutete sie doch den Abschied von der bisher nie angezweifelten Gültigkeit rationaler Ich-Konzepte. Max ist fasziniert von Anatols Hypnosefähigkeiten (SB ▶ S. 15, Z. 3), wehrt sich aber vehement dagegen, sich hypnotisieren zu lassen. Hypnose ist für ihn Zauber, Anatol ein „Zauberer". Anatols Einschätzung, dass dieser „Zauber", also die Fähigkeit, das Unbewusste offen zu legen bzw. zu beeinflussen, in allen stecke, will er nicht – da „unheimlich" (Z. 17) – für sich gelten lassen und bezeichnet sie als „Gefasel" (Rationalisierung). Anatol ist offener und allem Neuen gegenüber aufgeschlossen; er geht von der Existenz des Unheimlichen (= Unbewussten, Nicht-Rationalen) aus und ist gleichzeitig von der schnellen Weiterentwicklung der Wissenschaft – ebenfalls typisch für die Zeit um die Jahrhundertwende – überzeugt. (So bezieht er sich auf die Entdeckung der geozentrischen Weltsicht u. a.)

ZUSATZTEXTE

Die beiden folgenden Textausschnitte belegen Erfahrungen, die Arthur Schnitzler als Arzt mit der Hypnose gemacht hat:

Arthur Schnitzler

Krankenprotokoll
Flora Trebitsch 1889

(Aus: Hans-Ulrich Lindken: Arthur Schnitzler. Aspekte und Akzente. Materialien zu Leben und Werk. Lang Verlag, Frankfurt/ Bern/New York/Paris 1987, S. 48–50)

(Nun sage ich) Sie sind ein zweijähriges Mädchen, schreiben Sie Ihren Namen. *(Sie schreibt ein undeutliches Gekritzel.)* Sie sind 7 Jahre. *(Schreibt besser.)*

5   12 Jahre. *(Wieder besser.)* 18 Jahre. *(Mit natürlicher Schrift.)*
Ein altes Mütterchen mit zitternden Händen. *(Sie schreibt einige zitternde Schriftzeichen. Die Belege liegen den Krankengeschichten*

10   *bei).*
Sie sind ein 7-jähriges Mädchen und spielen mit der Puppe. *(Ich gebe ihr ein Stethoskop.)*
SIE *(wiegt es hin und her, spricht kindisch)* „So schöne Zöpfe ..."

15   Sie sind 12 Jahre! *(Sie lässt das Stethoskop fallen, steht mit verändertem Gesichtsausdruck auf.)*
ICH *(bin ihre Mutter)* So, jetzt geh in die Schule.

20   SIE Ich will nicht, es ist mir zu kalt.
ICH Du musst gehen. Sie sind in der Schule, da kommt der Lehrer, ich bin die Mitschülerin. *(Dr. Hajek als Lehrer zankt sie aus, sie entschuldigt sich.)*

Sie haben wehe Hände. *(Sie hat wirklich* 25 *lupöse Narben an der linken Hand, jetzt Nachschübe. Sie bittet mich, ihr zu helfen, weil sie nicht könne.)*
ICH Gehn wir lieber spielen.
SIE Das ist g'scheit, aber ich fürcht mich ... 30
ICH Sie sind jetzt ein Leutnant, ich bin Ihr Kamerad. *(Sie greift links nach dem Säbel, nimmt eine stramme Haltung an.)*
ICH Du, wir gehen zum Sacher. *(Sie grüßt militärisch zustimmend.)* 35
ICH Wie war das mit dem Mädel gestern?
SIE Die war fesch.
ICH Lasst sich was mit der anfangen?
SIE Was heißt das: anfangen?
ICH Du, dort geht ein Mädel, gehn wir ihr 40 nach.
SIE Gut, das ist eine Hetz.
ICH Du, das ist ja die Flora Trebitsch. *(Sie schüttelt wie nachdenkend den Kopf.)*
ICH Kennst du sie nicht? 45
SIE Der Name kommt mir bekannt vor.
ICH Sprich sie an, ich trau mich nicht.
SIE Mein Fräulein, darf ich Sie begleiten?
ICH *(als Fräulein)* Nein, ich gehe lieber allein.
SIE Zu zweien ist's aber doch besser. 50
ICH Nun sind wir beim Haustor.
SIE Wann werde ich Sie wiedertreffen etc.?
S. Sie sind die Königin von England, ich Ihr Minister.
SIE Es ist kalt, die armen Leute werden wieder 55 hungern.
ICH Soll ich Geld verteilen lassen?

SIE Ja, und lassen Sie ihnen auch Suppe geben und Brot.

60 ICH Trauern Majestät noch um Ihren Sohn Kaiser Friedrich?

SIE O ja, sehr.

ICH Und Mackenzie?

SIE Ich hätte meinen Sohn doch lieber bei mir 65 behalten sollen.

ICH Es ist ein Aufstand, retten Sie sich.

SIE *(stolz)* O nein.

ICH Man schießt schon.

SIE O, ich bleibe fest.

70 S. Sie sind der Professor Schnitzler, ich Ihr Sohn.

SIE Waren heute schon viel Patienten da?

ICH Nein.

SIE Nun ja, natürlich.

75 ICH Wieso?

SIE Nun, Ende der Woche sind ja immer weniger da. *(Es ist Freitag)*.

ICH Ich gehe gleich mit dir, wenn du wegfährst.

80 SIE Kannst du denn schon so früh weggehen?

ICH O ja.

SIE Nun, das ist g'scheit, da kannst du gleich mit mir fahren.

S. Sie sind Fiakerkutscher.

SIE Hüo, hüo, kalt ist's heut. Na gut, da werden die armen Leut wenigstens was verdienen. Bitte nur einzusteigen. ...   85

S. Sie sind Reisender.

SIE *(mit entsprechendem Ausdruck)* Kalt ist, kalt ist.   90

ICH Wir sind am Nordpol, da kommt ein Eisbär.

SIE *(ängstlich weggehend)* O, gehen wir, gehen wir.

ICH Aber wir müssen ihn erschießen.   95

SIE Ich kann nicht schießen hören.

ICH Jetzt sind Sie Schiffsleutnant und mutig. Sie sollen den Bären selbst erschießen.

SIE Geben Sie mir eine Flinte, so – puff, da ist er tot.   100

S. Sie sind eine Katze.

SIE *(Krallen zeigend)* Miau, miau! *(Will nach aufwärts.)*

ICH Wohin denn?

SIE Na, auf die Dächer.   105

ICH *(als Kater)* Da sind wir vor dem Fenster der Flora Trebitsch.

SIE *(an der imaginären Fensterscheibe kratzend)* Flora, Flora!

Die Schülerinnen und Schüler sollten zunächst die Personentransmutationen nachvollziehen, die während der in dem Textausschnitt dokumentierten Behandlungsphase vorgenommen werden (die Rollen sind nicht einfach zu unterscheiden, da Schnitzler seine eigenen Gesprächsanteile durch „S.", „Ich" oder auch gar nicht kennzeichnet). Die Rollen von Flora und Schnitzler:

Flora als:	Schnitzler als:
zweijähriges Mädchen	hypnotisierender Arzt
siebenjähriges Mädchen	hypnotisierender Arzt
achtzehnjähriges Mädchen	hypnotisierender Arzt
altes Mütterchen	hypnotisierender Arzt
siebenjähriges Mädchen	hypnotisierender Arzt
zwölfjähriges Mädchen	Mutter
	Mitschülerin
Leutnant	Kamerad
Leutnant	Flora
Königin von England	Minister
Professor Schnitzler	Arthur Schnitzler (Sohn)
Fiakerkutscher	hypnotisierender Arzt
Reisender	hypnotisierender Arzt
Schiffsleutnant am Nordpol	hypnotisierender Arzt
Katze	Kater

Danach könnten die Schülerinnen und Schüler erörtern, ob/inwieweit hypnotische Therapie einem Plan zu gehorchen scheint oder nicht. Das „Krankenprotokoll" sollte auch genutzt werden, um

- das Faszinierende/das Unheimliche, das um die Jahrhundertwende von der Hypnose als einem suggestiven Eingriff ins Unterbewusste ausging, zu verdeutlichen,
- Vergleiche zwischen dem Vorgehen A. Schnitzlers als Arzt („Krankenprotokoll") und als Dichter („Die Frage an das Schicksal") anzustellen.

Felix Salten (geb. 1869 in Budapest, gest. 1947 in Zürich) war ein um die Jahrhundertwende äußerst produktiver Schriftsteller und Journalist; er gehörte wie Schnitzler zum Kreis des „Jungen Wien". Bis heute ist er bekannt wegen seines später von Walt Disney verfilmten Tierbuchs „Bambi".

In seinem Text beschreibt F. Salten eine von A. Schnitzler unter Hypnose vorgenommene Operation sowie einen hypnotischen Befehl. – Dieser Text spiegelt einerseits die „Unheimlichkeit" wider, die Max angesichts der Möglichkeiten der Hypnose verspürt; er gibt aber auch Aufschluss über die von Anatol betonten Möglichkeiten der „wissenschaftlichen Verwertung".

Die Behandlung der beiden Zusatztexte kann auch die Arbeitsanregungen im SB ▶ S. 16 vorbereiten.

Felix Salten

Über Schnitzlers hypnotische Versuche

(Aus: Hans-Ulrich Lindken: Arthur Schnitzler. Aspekte und Akzente. Materialien zu Leben und Werk. Lang Verlag, Frankfurt/ Bern/New York/Paris 1987, S. 55)

An der Ambulanz der Poliklinik war ich oft Zeuge der hypnotischen Versuche, die Arthur Schnitzler mit den Patienten anstellte. Ich stand dabei, als er eine Nasenoperation an
5 einem jungen Mädchen ausführte, die furchtbar schmerzhaft gewesen sein muss. Das Mädchen saß, von Schnitzler in hypnotischen Schlaf versenkt, und während er ihr mit glühendem Draht in die Nase fuhr, suggerierte
10 er ihr: „Sie halten jetzt ein Veilchenbukett und atmen den starken Duft." Das Mädchen, das heftig blutete, zog gehorsam den Atem ein und seufzte entzückt ein „Ah" um das andere. Nachdem die Blutung gestillt war, befahl
15 Schnitzler dem Mädchen: „Sie werden jetzt aufwachen, keine Schmerzen haben und den Duft der Veilchen noch lange mit Genuss verspüren." Das geschah denn auch und die Arme entfernte sich, indem sie wahrschein-

lich die Nasentampons für Veilchen hielt. 20 Dann wohnte ich auch der Ausführung eines posthypnotischen Befehls bei. Schnitzler hatte ein schmales, kleines Lineal im Vorraum auf das Fensterbrett gelegt. Der Frauensperson, der er die Mandeln operierte, befahl 25 er: „Sie werden jetzt von hier fortgehen, beim Schottentor umkehren, zurückkommen, den Dolch, der im Vorzimmer draußen auf dem Fensterbrett liegt, ergreifen und ihm dem Herrn Dr. Hajek in den Rücken stoßen!" Die 30 junge Frau entfernte sich, aber nach etwa zwanzig Minuten kam sie wieder, hatte mit allen Zeichen furchtbarer Erregtheit das Lineal in der Faust, schlich wahrhaftig wie eine Mörderin in den Saal, suchte mit schuldbewus- 35 ten, tückischen Augen den Dr. Hajek, pirschte sich fast ganz in seine Nähe – da wurde sie von Schnitzler angerufen: „Erwachen Sie", ließ das Lineal fallen, blickte ganz verdutzt, offenbar auch unendlich erleichtert, umher und 40 rannte kopfschüttelnd mit verlegenem Lachen davon. Es war bei diesem seltsamen Schauspiel mit aller Deutlichkeit zu beobachten, wie aus einem harmlosen Menschen ein Verbrecher und wie aus diesem durch Suggestion 45 zum Verbrecher gewordenen wieder ein harmloser Mensch zum Vorschein kommt.

ZU DEN ARBEITSANREGUNGEN

1. Anatols Überzeugung:

▶ S. 16

Anatol unterscheidet zwischen Liebe einerseits und Sexualität andererseits. Von Coras Liebe ist er genauso überzeugt (Sie liebe ihn „unendlich", SB ▶ S. 15, Z. 20, unten) wie von ihrer Untreue. Als hauptsächlichstes Argument für sein „Wissen" um Coras Untreue nennt er seine eigene Untreue („Warum bin ich ihr nicht treu? ... Ich liebe sie doch gewiss", S. 16, Z. 49 f.). Max' geschlechtsspezifische Ansichten (Z. 51: „Nun ja! Ein Mann!") lässt er nicht gelten. Nach Anatols Überzeugung sind Männer und Frauen gleichermaßen ihrem Unterbewussten, ihren erotischen Sehnsüchten, ausgeliefert; dies erfährt er selbst; dies „fühlt" er (S. 15, Z. 11); und somit desavouiert er sein Argument (den „Beweis"), was Max, dessen Part der des Alter Ego ist, sogleich erkennt: „Sonderbare Logik!" Dass Anatols „Beweis" kein logischer, sondern ein allenfalls vorgeschobener psychologischer ist, lässt sich auch sprachlich nachweisen, beispielsweise durch:

- Tendenz zu Sentenzen bzw. Gemeinplätzen (<u>„Immer</u> sind <u>diese Frauenzimmer</u> uns untreu", Z. 14; <u>„Immer</u> wollen wir uns einreden ...", S. 16, Z. 52 f.)
- Typisierungen („Sie ist wie jede ...", S. 15, Z. 30)
- Diffamierungen („diese dummen ... Geschöpfe", S. 16, Z. 83 ff.)
- ausufernde Fantasien (Konjunktiv II)
- Projektionen
- Mutmaßungen
- auffallend viele
  - Ausrufe
  - Fragen
  - Sprechpausen (ersichtlich an: „..." oder „–")
- durchgängiges Rekurrieren auf die metakommunikative Ebene („Die alte dumme Phrase!" (Z. 52))

Es sollte ebenfalls erarbeitet werden, dass Anatols Überzeugung von Coras Untreue auch mit seinem prinzipiellen Zweifel an sprachlicher Verständigung zusammenhängt. Die mehrfach gedanklich inszenierten Szenen zwischen Mann und Frau, in denen sie voneinander die „Wahrheit" fordern, lassen deutlich werden, wie einerseits wegen situativer Erinnerungsleere, aber auch andererseits, um den Gesprächspartner glücklich zu machen, gelogen werden kann.

2. Pro- und Kontra-Argumente:

Es ist offensichtlich, dass Max' Vorschlag, Cora zu hypnotisieren, Anatol nicht helfen können wird. Anatols Zweifel an Coras Treue sind nicht rational begründet, sondern von einem dumpfen Ahnen seines Unbewussten bestimmt, das eher von Luststreben und Augenblicksverfallenheit gekennzeichnet ist und von daher etwas als „wahr" empfinden kann, obwohl es objektiv gesehen „unwahr" ist. Hätte Max Anatols Problem, wäre es durch das Hypnoseexperiment lösbar.

3. a) und b) Zwei Szenen verfassen:

Die produktive Aufgabe kann auf der Grundlage des bisherigen Textes, besser noch unter zusätzlicher Zuhilfenahme der beiden obigen Ergänzungstexte, dazu dienen, die Frage zu diskutieren, ob Anatol wirklich in der Lage wäre, die jeweiligen Antworten zu glauben, oder ob er nicht auch über die vermeintliche „Wahrheit" räsonieren, sie in Frage stellen und sie letztlich verwerfen würde.

ZU DEN ARBEITSANREGUNGEN

1. „Frage an das Schicksal":

▶ S. 19

Nach Max' Ansicht stellt Anatol die Frage an das Schicksal deshalb nicht, weil er Angst vor der Wahrheit hat und in Wirklichkeit die Illusion der „Wahrheit" vorzieht; Anatol hingegen geht davon aus, dass die Wahrheit mit Sprache überhaupt nicht ermittelt werden kann.

▶ S. 19 **2. Präzisierungsvorschläge von Max und Anatols Einwände:**

Formulierungsvorschläge von Max	Anatols Einwände gegen die Formulierung
Formulierung 1: Bist du mir treu	● Frage ist „dumm" ● Frage ist „unpräzise" ● Frage kann im „allerweitesten Sinne" verstanden werden. ● Frage kann Vergangenheit einschließen ● Frage ist plump
Formulierung 2: Warst du mir treu, seit du mich kennst?	● Frage ist unsinnig ● Frage kann eine beim Kennenlernen noch nicht abgeschlossene Vergangenheit umgreifen. ● Frage ist ungenau
Formulierung 3: Seit du mich liebst ... bist du mir treu?	● Frage ist unklar ● Begriffe der Frage sind nicht definiert. ● Begriffe der Frage können „Unbewusstes" nicht umfassen.

3. Anatols Sprachskepsis:

In ihrem Buch „Böser Dinge hübsche Formel" beschreibt Ursula Keller Anatols Sprachskepsis folgendermaßen:

Ursula Keller

Die Fallstricke der Sprache

(Aus: Dies.: Böser Dinge hübsche Formel. Das Wien Arthur Schnitzlers. Fischer Taschenbuch Verlag, Frankfurt 2000, S. 168)

So ist denn gleich der erste Einakter, „Die Frage an das Schicksal", auch ein sprachskeptisches Kabinettstück, ein geistreicher Exkurs über die Worte als „Regenbogen und Schein-
5 Brücken", über die Fallstricke der Sprache, in denen sich hoffnungslos verheddern muss, wer ihr keine fraglosen Auskünfte über den wahren Zustand der Dinge mehr zutraut. Je mehr Anatol sich verliert in epistemologisch-sprachskeptischen Spitzfindigkeiten, desto 10 weiter rückt die anvisierte „Wahrheit" aus dem Blickfeld. Um sich herum sieht er nur noch das Dickicht des sprachlich Verein-barten, willkürliche und irreführende Über-einkünfte, die misstrauisch überprüft und 15 immer wieder abgesprochen werden wollen und die dennoch nicht aufhören, Zeichen, Symbole zu sein, hinter denen die Dinge sich weiter in Schweigen hüllen. „Die Frage an das Schicksal" ist sprachlich nicht zu be- 20 antworten.

4. Die Szene zu Ende schreiben:

Nach der Besprechung der Schülerarbeiten kann auch der hier abgedruckte Schluss des Einakters von Arthur Schnitzler vorgestellt werden.

Arthur Schnitzler

Erwachen aus der Hypnose

(Aus: Ders.: Anatol. Reclam Verlag, Stuttgart 1970, S. 17 ff.)

ANATOL Wenn ich es hören muss, das Furchtbare, wenn sie mir antwortet: Nein, ich war dir nicht treu – so soll ich allein es sein, der es hört. Unglücklich sein – ist erst das halbe
5 Unglück, bedauert werden: Das ist das ganze! – Das will ich nicht. Du bist ja mein bester Freund, aber darum gerade will ich nicht, dass deine Augen mit jenem Ausdruck von Mitleid auf mir ruhen, der dem Un-glücklichen erst sagt, *wie* elend er ist. Viel- 10 leicht ist's auch noch etwas anderes – viel-leicht schäme ich mich vor dir. Die Wahrheit wirst du ja doch erfahren, du hast dieses Mädchen heute zum letzten Mal bei mir ge-sehen, wenn sie mich betrogen hat! Aber du 15 sollst es nicht mit mir zugleich hören; das ist's, was ich nicht ertragen könnte. Begreifst du das ...?

MAX Ja, mein Freund *(drückt ihm die Hand)*, und ich lasse dich auch mit ihr allein.

ANATOL Mein Freund! *(ihn zur Tür begleitend.)* In weniger als einer Minute ruf ich dich herein! – *(Max ab.)*

ANATOL *(Steht vor Cora ... sieht sie lange an.)* Cora! ...! *(Schüttelt den Kopf, geht herum.)* Cora! – *(Vor Cora auf den Knien.)* Cora! Meine süße Cora! – Cora! *(Steht auf. Entschlossen.)* Wach auf ... und küsse mich!

CORA *(Steht auf, reibt sich die Augen, fällt Anatol um den Hals.)* Anatol! Hab ich lang geschlafen? ... Wo ist denn Max?

ANATOL Max!

MAX *(Kommt aus dem Nebenzimmer.)* Da bin ich!

ANATOL Ja ... ziemlich lang hast du geschlafen – du hast auch im Schlafe gesprochen.

CORA Um Gottes willen! Doch nichts Unrechtes? –

MAX Sie haben nur auf seine Fragen geantwortet!

CORA Was hat er denn gefragt?

ANATOL Tausenderlei! ...

CORA Und ich habe immer geantwortet? Immer?

ANATOL Immer.

CORA Und was du gefragt hast, das darf man nicht wissen? –

ANATOL Nein, das darf man nicht! Und morgen hypnotisiere ich dich wieder!

CORA O nein! Nie wieder! Das ist ja Hexerei. Da wird man gefragt und weiß nach dem Erwachen nichts davon. – Gewiss hab ich lauter Unsinn geplauscht.

ANATOL Ja ... zum Beispiel, dass du mich liebst ...

CORA Wirklich?

MAX Sie glaubt es nicht! Das ist sehr gut!

CORA Aber schau ... das hätte ich dir ja auch im Wachen sagen können!

ANATOL Mein Engel! *(Umarmung.)*

MAX Meine Herrschaften ... adieu! –

ANATOL Du gehst schon?

MAX Ich muss.

ANATOL Sei nicht böse, wenn ich dich nicht begleite. –

CORA Auf Wiedersehen!

MAX Durchaus nicht. *(Bei der Tür.)* Eines ist mir klar: Dass die Weiber auch in der Hypnose lügen. ... Aber sie sind glücklich – und das ist die Hauptsache. Adieu, Kinder. *(Sie hören ihn nicht, da sie sich in einer leidenschaftlichen Umarmung umschlungen halten.)*

ZUR ARBEITSANREGUNG

▶ S. 20

In dem Einakter „Weihnachtseinkäufe" trifft Anatol zufällig Gabriele, eine verheiratete Dame. Anatol und Gabriele hat eine gegenseitige Schwärmerei verbunden, Gabriele hat aber Anatols Verführungsversuchen widerstanden. Sie fragt ihn nach seiner derzeitigen Geliebten, einem „süßen Mäderl aus der Vorstadt", aus und wird sich während dieses Gesprächs wehmütig bewusst, dass sie aus mangelndem Mut die wahre Liebe nie erfahren hat. A. Schnitzlers „Anatol" ist leicht verfügbar; die Szene „Weihnachtseinkäufe" ist sehr kurz und könnte deswegen kopiert und im Unterricht eingesetzt werden.

LITERATURHINWEIS

Arthur Schnitzler: Anatol. Reclam Verlag, Stuttgart 1970

Der einsame Weg

▶ S. 21

Informationen zum Text: In dem Stück „Der einsame Weg" *treten* – wie der Titel schon verrät – Menschen auf, deren Wege sich zwar kreuzen, die sich aber nie auf einen gemeinsamen Weg aufmachen, sondern in tiefer seelischer Isolation ihren eigenen Wegen folgen. Diese eigenen – einsamen – Wege führen allerdings nicht zu einem durch eine dramatische oder lebensverändernde Entscheidung motivierten Ziel, sondern bedeuten ein leises, undramatisches, melancholisches Sich-Zurücknehmen, Sich-Zurückziehen (bis hin zu Tod [der Mutter, von Salas] und Selbstmord: Johanna setzt ihrem Leben am Ende des Stücks ein Ende).

ZU DEN ARBEITSANREGUNGEN

► S. 22   **1. a) Gesprächsthemen der Geschwister:**
● Felix' geplante Forschungsexpedition ● Salas unheilbare Krankheit ● das zukünftige Leben Johannas mit dem Vater ● Felix' Wunsch, die frühere Vertrautheit mit der Schwester wiederherzustellen ● Johannas Sprachskepsis ● Felix' Sorge um die Schwester ● Johannas (heimliche) Liebe zu einem Mann

1. b) Was in der Szene gesagt und was verschwiegen wird:
Die Auflistung in Aufgabe 1. a) zeigt, dass die Geschwister zwar durchaus existenziell relevante Themen ansprechen, sich aber im eigentlichen Sinn nicht aussprechen. Sie verschweigen mehr, als sie sagen. Die Regieanweisungen zeigen Johanna „ruhig" (SB ► S. 21, Z. 1), „abwehrend" (Z. 5), „unbeweglich" (Z. 9), „mit verschlungenen Händen" (Z. 31), sie „sieht vor sich hin" (Z. 31), „zuckt zusammen" (Z. 100), „zuckt die Achseln" (Z. 30). Sie demonstriert also ihre Abwehr gegenüber dem Versuch des Bruders, ihre Einsamkeit und ihre Isolation zu durchbrechen, durch eine deutliche Körpersprache, die sie unnahbar, fast wie eine Statue wirken lässt. Felix möchte wieder mehr von der Schwester wissen, appelliert an ihre frühere Nähe. Doch Johanna hat den Glauben an Nähe, an ihre Möglichkeit zur Gestaltung ihrer Lebenspraxis, an Kommunikation verloren: Es gebe – führt sie aus – keine „Märchen- und Wunderworte mehr" (SB ► S. 21, 47 f.), d. h., die Worte haben ihre gestaltende und rettende Kraft verloren. In einer langen Begründung trägt sie ihre Sprachnot vor.
Die Geschwister verbergen voreinander das Ausmaß ihrer seelischen Not. (Auch Felix ist im Übrigen, was im vorliegenden Text nicht so deutlich sichtbar wird, in einer seelisch äußerst krisenhaften Situation; die Hintergründe hierfür können hier ausgeklammert werden, da das Leserinteresse auf Johanna gelenkt wird.) Der Anfang des Gesprächs macht dies sehr deutlich: Beide wissen offensichtlich um Salas nahen Tod (Johanna spricht es aus, lässt dann aber Felix' Aussagen zu diesem Thema nicht mehr zu); was dies jedoch für sie selbst bedeutet, wird verschwiegen. Am Ende des Gesprächs spricht Felix an, dass er um Johannas „Träume" weiß, doch auch dieser Gesprächsansatz wird von Johanna abgeblockt, indem sie zu einer generalisierenden Ausflucht greift („manche Menschen...", SB ► S. 22, Z. 94 f.), um von ihrer individuellen Situation abzulenken. Das Gespräch endet – bezeichnenderweise – mit Felix' Verstummen: Seine Aussage, Johanna könne Menschen nicht „leiden" sehen, „leiden ... und..." bricht mit der Konjunktion ab (Z. 101). Das nicht ausgesprochene Wort ist „sterben" und sicherlich zunächst auf die verstorbene Mutter bezogen, gleichzeitig aber hat Felix offenbar auch Angst davor, dass Johanna Selbstmord begehen könnte. (Schon in Z. 85 f. spricht er davon, ihm sei „ein wenig bang" um die Schwester; auch seine Bitte, sie solle dem „Vater keinen Kummer bereiten", kann in die Richtung eines befürchteten Selbstmords gedeutet werden.) Die Informationen, die der Körpersprache, den Pausen, dem Verstummen und Schweigen entnommen werden können, lassen somit die wirkliche seelische Gefährdung der Geschwister tiefer erfassen als die Liste der von ihnen angesprochenen Themen.

1. c) Johannas Begründung dafür, nicht offen sprechen zu können:
In den Zeilen 55–84, SB ► S. 21, ist Johanna beredt; sie beschreibt ihre Sprachnot. (Es hat schon paradoxe Züge, dass Johanna sich ausgerechnet in dieser Gesprächsphase, die dem Sprachverlust gilt, der Sprache zusammenhängend und mit Andeutungen, ohne Ausflüchte und ohne Verstummen, bedient, um in dieser Not verstanden zu werden.) Ihr Gesprächsbeitrag liest sich denn auch wie ihr endgültiger Abschied von Sprache, von Kommunikation und von menschlicher Nähe.
Johanna beschreibt zunächst ihr – früheres – naives Wortvertrauen, das an jenes des jungen Lord Chandos in „Ein Brief" erinnert: Worte, Begriffe hatten einst eine Aura, sie bezeichneten das Gemeinte nicht eindimensional, sondern evozierten eine bildreiche Weltfülle. Dieser Wortgebrauch war jedoch gebunden an Kindheit/Jugend, an den Glauben an „Märchen" und „Wunder", an ein reiches und erfülltes Leben in Schönheit und Liebe. – Mit der Entlarvung dieser Vorstellung als „Knabenmorgenblütenträume" (J. W. v. Goethe: „Prometheus") und der Erfahrung von Tod (Mutter), Versagung (nicht realisierte Liebe) und Isolation verliert sie auch den Glauben an die Worte, mit denen sie einst ihre Träume formulieren konnte. Der jungen Frau wurden Gestaltungs- und Verfügungsmöglichkeiten nicht zugestanden. Die Tochter musste die sterbende Mutter pflegen und beim Vater bleiben. Flucht, Aufbruch und Abenteuer, wie sie dem Bruder Felix als *Mann* gestattet sind, können für sie keine Alternative sein.

1. d) Johannas Darstellung ihrer Sprachnot: ► S. 22

Zusammenfassung: Johannas Sprachnot ist Bewusstseinskrise:
- psychologisch gesehen: eine nicht mehr mitteilbare Todessehnsucht,
- erkenntnistheoretisch gesehen: die Dinge sind nicht so, wie sie erscheinen,
- sprachtheoretisch gesehen: die Worte haben in einer nicht mehr erfass- und gestaltbaren Wirklichkeit ihre Bedeutung verloren.

2. Johannas „einsamer Weg":

Johannas „einsamer Weg" könnte in einem Weg nach Innen, im weiteren Verstummen und weiteren Vereinsamen bestehen; eventuell ist auch schon ihr Selbstmord prognostizierbar.

1.2 Hugo von Hofmannsthal ► S. 22

Ein Brief ► S. 23

ZU DEN ARBEITSANREGUNGEN

1. Ausschnitte des Textes ordnen und zusammenfassen: ► S. 25

Die Lebenssituation von Lord Chandos:

Ausschnitt Nr.	soziale Situation	sprachphilosophische Reflexion
5	anerkannter	Dasein: Einheit geistiger und körperlicher Welt
4	junger Dichter	geschriebenes Wort als geistige Nahrung
9		Verlust der Fähigkeit, zusammenhängend zu denken oder zu schreiben
	Vereinsamung (menschlich, sozial);	
8		Verlust der Fähigkeit, abstrakte Begriffe zu verwenden
7		Verlust der Fähigkeit, wertende Urteile abzugeben
2		Verlust der Fähigkeit zur Alltagskommunikation
	kann nicht mehr kommunizieren	Verlust der Fähigkeit ganzheitlicher Wahrnehmung
12		
10		kann das Gemeinte nicht ausdrücken
11		erkennt das Wesen der Dinge, kann es aber nicht in Worte fassen
6		erkennt Fülle des Daseins jenseits der Sprache
3	kann nicht mehr dichten	will nicht mit Sprache, sondern mit dem Herzen denken
1		Sprache der „stummen Dinge" hat ethische Komponente

2. Charakterisierung und Kritik des Sprachgebrauchs:

Alle drei in der vorderen Innenklappe angeführten Aspekte der Sprachkrise um die Jahrhundertwende werden mehr oder minder akzentuiert in dem Text „Ein Brief" (SB ► S. 23 f.) ersichtlich und können vor der Lösung der Aufgabe problematisiert werden.

Zum ersten Aspekt:

> Die Willkürlichkeit sprachlicher Zeichen versperrt den Weg zu den Dingen.

In dem Text „Ein Brief" wird ein sprachphilosophischer Diskurs aufgenommen, der seit der Antike eine Rolle spielt.

Antike: Platon – Aristoteles

Platon: Vorstellung einer – ewigen – Ideenwelt hinter der vergänglichen Sinnenwelt;
Aristoteles: Ideen sind nicht von den Dingen getrennt, sondern sie sind die Begriffe, die man (aufgrund der Erfahrungen mit vielen Einzeldingen) gefunden hat.

Universalienstreit im Mittelalter: | Universalien: Allgemeinbegriffe, Gattungsbegriffe

Nominalismus – Realismus

Realismus: „Universalia sunt ante rem" (= die Allgemeinbegriffe sind die Wirklichkeit **vor** dem Einzelding); der Realismus geht also von einer festen Beziehung zwischen den Sachverhalten und Tatbeständen der Wirklichkeit und den sie bezeichnenden Begriffen aus. Die Wirklichkeit „Baum" existiert schon vor der individuellen Wirklichkeit der einzelnen Ausprägung von Bäumen.
Nominalismus: „Universalia sunt post rem" (= Allgemeinbegriffe sind Worte abgeleitet vom, also **nach** dem Einzelding); der Nominalismus sieht demnach in den Worten Zeichen, die die Menschen zur Bezeichnung für die Dinge vereinbart haben; als solche sind Worte nicht eindeutig, sondern deutbar.
Diese (auf dem Nominalismus fußende) Auffassung äußert Lord Chandos z. B. in Ausschnitt 8 (SB ▶ S. 24).

Zum zweiten Aspekt:

Der Sprachgebrauch ist in der Bildungssprache des 19. Jahrhunderts erstarrt und legt ein Korsett um den Sprecher; authentischer Selbstausdruck ... (ist) deswegen nicht mehr möglich.

Dieser Aspekt kommt z. B. im Ausschnitt 2 (SB ▶ S. 23) zum Tragen, wenn darüber geklagt wird, dass mit Sprache „leichthin" „Urteile" abgegeben werden, sodass Lord Chandos sich zum Schweigen entschließt.

Zum dritten Aspekt:

Im Sprachgebrauch werden ... als unwahr entlarvte Konventionen und „Ideale" weiter tradiert.

Hierfür kann Ausschnitt 7 (SB ▶ S. 23) herangezogen werden. Der in diesem Ausschnitt deutlich werdende fast körperliche Ekel vor Begriffen führt zu einer völligen Veränderung des Lebens von Lord Chandos. Hat er vor seiner Sprachkrise im beglückenden Gefühl der Einheit von Natur und Geist, Wirklichkeit und Sprache/Dichtung gelebt, so trennt ihn jetzt die Sprache von der Wirklichkeit der Dinge und von anderen Menschen.

▶ S. 25 **3. a) und b) Bildlich-metaphorische Passagen:**
Einen Ausweg sieht Lord Chandos in der bildlichen Sprache, durch die er die begriffliche Sprache ersetzen möchte. Diese bildliche Sprache zielt darauf ab, das Gemeinte nicht begrifflich mitzuteilen, es also vor jeglicher Kategorisierung und sprachlicher Strukturierung zu bewahren, sondern stattdessen emotional-sinnliche Erfahrungen zu evozieren. Beim bildlichen Ausdrücken des Gemeinten können abgegriffene, konventionell und somit verlogen gewordene Zeichen vermieden werden. Geeignet zur Präzisierung dieses Gedankens ist vor allem der Abschnitt 6 (SB ▶ S. 23).

4. Chandos' Erfahrungen:
Die neue Hinwendung zu der Wirklichkeit/zu den Dingen zwingt Lord Chandos zu einer Veränderung der die Wirklichkeit erkennenden Strategien: Epistemologische Wirklichkeitserfassung muss durch kreative, produktive, sinnliche Aneignung ersetzt werden: „mit dem Herzen denken".

▶ S. 25 **5. Fiktive oder selbst erfahrene Glücksmomente:**
Die produktive Aufgabe kann auch in Zusammenhang mit dem Kunstunterricht erfolgen, indem der Inhalt des zweiten der geforderten Texte zunächst durch eine Zeichnung vermittelt wird.

6. Vergleich der Aussagen bei Lord Chandos und Ferdinand Hodler:

Ferdinand Hodlers „Die Empfindung" (1904 in der Wiener „Secession" ausgestellt) zeigt eine Reihe sich parallel bewegender Frauen. Von einer Gruppe kann eigentlich nicht gesprochen werden, zu sehr scheinen die vier dargestellten Frauen in sich zu sein, mit ihren Empfindungen befasst, obwohl sie sich äußerlich sehr ähnlich sind (tänzerische Anmut der Bewegung; Bewegungsrichtung; Haare; blaues, zusammengestecktes bzw. mit den Händen zusammengehaltenes Kleid/Tuch; im Übrigen nackt). Sie schreiten vor einem Hintergrund, der am oberen Ende eine Landschaft erahnen lässt, in Wirklichkeit aber eher wie ein Bildteppich (mit dekorativ als Lebenssymbolik angeordneten Blüten) wirkt. Die Frauen erscheinen angesichts dieser Inszenierung von Natur/Kunst, Wirklichkeit/Symbolik äußerst ergriffen. Diese Ergriffenheit führt jedoch zu keiner Interaktion/Kommunikation; ihre Gesten weisen nur auf sich selbst zurück. – Lord Chandos' Ausdruck, er denke „mit dem Herzen", sein Körper bestünde „aus lauter Chiffren, die ... (ihm) alles aufschließen", was ihm eine „sonderbare Bezauberung" durch die „Harmonie", die ihn und die ganze Welt durchwehe, verursache, scheint auch F. Hodlers Frauengestalten kennzeichnen zu können.

ZUSATZTEXT

Im Roman „Gullivers Reisen" lernt die Hauptfigur eine „Fakultät für Sprachen" kennen.

Dieser satirische Text von Jonathan Swift liefert auf humorvolle Weise Gegenargumente zu der von H. v. Hofmannsthal in „Ein Brief" zu Recht kritisch vorgetragenen These von der Uneindeutigkeit und Schablonenhaftigkeit sprachlicher Zeichen sowie der daraus gefolgerten Vermeidung von alltäglicher und öffentlicher Kommunikation.

Stellen sich für Lord Chandos die Worte vor die Dinge, so ersetzen bei J. Swift die Dinge die Worte. Möglich wäre es auch, die Szene J. Swifts auszuschmücken und eventuell in szenisches Spiel umzusetzen.

Jonathan Swift

Gullivers Reisen

(Zit. nach: Heidrun Pelz: Linguistik für Anfänger. Hoffmann und Campe, Hamburg ⁷1987, S. 17)

Darauf gingen wir in die Fakultät für Sprachen, wo drei Professoren darüber berieten, die Sprache ihres eigenen Landes zu verbessern.

5 Sie hatten einen Plan zur völligen Abschaffung aller Wörter überhaupt, und man machte geltend, dass das außerordentlich gesundheitsfördernd und Zeit sparend wäre. Denn es ist klar, dass jedes Wort, das wir sprechen, in 10 gewissem Maße eine Verkleinerung unserer Lungen durch Abnutzung bedeutet und folglich zur Verkürzung unseres Lebens beiträgt. Es wurde deshalb folgender Ausweg vorgeschlagen: Da Wörter nur Bezeichnungen 15 für Dinge sind, sei es zweckdienlicher, wenn alle Menschen die Dinge bei sich führten, die zur Beschreibung der besonderen Angelegenheit, über die sie sich unterhalten wollen, notwendig seien. Viele der Gelehrtesten und Weisesten sind Anhänger des neuen Projekts, 20 sich mittels Dingen zu äußern; das bringt nur die eine Unbequemlichkeit mit sich, dass jemand, dessen Angelegenheiten sehr umfangreich und von verschiedener Art sind, ein entsprechend größeres Bündel von Dingen 25 auf dem Rücken tragen muss, falls er es sich nicht leisten kann, dass ein oder zwei starke Diener ihn begleiten. Ich habe oft gesehen, wie zwei dieser Weisen unter der Last ihrer Bündel fast zusammenbrachen, wie bei uns 30 die Hausierer. Wenn sie sich auf der Straße begegneten, legten sie ihre Lasten nieder, öffneten ihre Säcke und unterhielten sich eine Stunde lang; dann packten sie ihre Utensilien wieder ein, halfen einander, ihre Bürden wieder 35 der auf den Rücken zu nehmen, und verabschiedeten sich.

► S. 26

Der Schwierige

ZU DEN ARBEITSANREGUNGEN

► S. 29 **1. Tabellarische Übersicht:**

Helene über sich	Hans Karl über Helene
benimmt sich anständig, ruhig (langweilig)	sie hat klaren Verstand
lehnt Sentimentalität, Koketterie oder Exzentrizität ab	man versteht sich mit ihr
will artig sein	spricht nichts Überflüssiges
will diskret sein	sie bemerkt alles, was in anderen Menschen vor sich geht; sie ist sensibel
weiß um Vergänglichkeit der Gegenwart, glaubt an schicksalhafte Vollendung des Notwendigen	hat eine reizende Art
	alles an ihr ist „besonders und schön"
	hat unzerstörbare innere Festigkeit und gesicherte Identität
	Sicherheit; Notwendigkeit statt Zufall
	in Grenzsituationen sah er sie als Ehefrau
	Helenes fiktive Ehe ist „heilig" und „rein"
	würdig, klar, rein

Hans Karl über sich	Helene über Hans Karl
weiß nicht, woran er mit sich ist, er hat kein sicheres Identitätsgefühl	sein Naturell: er hat Bindungsangst
ist kein „braver, nobler Mensch"	seine Beziehungen zu Frauen sind – da ohne tiefere Gefühle – oberflächlich
er ist „unmöglich", Angst vor Fallstricken der Konvention	leicht verführbar
ist nahezu ein alter Mensch	wie ein Kind
hat Lebensglück unwiderruflich versäumt	charmant
schwache Natur	

1. b) Vergleich von Selbstbild und Fremdbild:

Die Tabelle, in der das jeweilige Selbstbild dem Fremdbild kontrastiert wird, verdeutlicht Folgendes:

- Helene und Hans Karl sind sich seelisch äußerst nahe; Helene hat dabei ein tiefes und richtiges Verständnis für Hans Karls Wesen und eine zutreffende – vergleicht man ihre Selbstaussagen mit der Wirkung, die sie auf den Leser/Zuschauer hat – Selbsteinschätzung.
- Hans Karl sieht Helene anders als andere Frauen (die er als dem Zufall ausgesetzt wahrnimmt); in ihr erkennt er (Lebenssinn konstituierende) „Notwendigkeit".
- Hans Karls Beschreibung von Helene während deren fiktiver Heirat gleicht fast einer Apotheose; er übernimmt also offensichtlich das jahrhundertelang tradierte geschlechtsspezifische Bild der Frau als

„Heiliger" (Mutter, Ehefrau) oder „Hure" (hier in abgeschwächter Form als Kette der vielen Geliebten, die „Charme" für ihn gehabt haben, der sinnlichen Frau also).

● Helene – viel jünger als Hans Karl – sieht in ihm ein „Kind"; sie deutet seine Verführbarkeit und Bindungsangst als Unreife dessen, der sich noch nicht für das Leben, das Erwachsensein entschieden hat, während er damit kokettiert, ein alter Mensch zu sein, dessen Leben längst vorüber sei.

● Helene und Hans Karl gleichen sich darin, dass sie eher in einem melancholischen Nachdenken über die Vergangenheit verharren als in einem bewusst gestalteten „Jetzt" zu leben.

2. a) Karl als „schwierige Person": ▶ S. 29

Die „Schwierigkeit" des Komödienhelden Hans Karl liegt in seiner Unverbindlichkeit und Identitätsschwäche, in seiner Unfähigkeit zu sozialer Bindung und damit zum Sich-Einrichten im Leben. Marie-Luise Wandruszka schreibt in „La Cantate di Hofmannsthal" über den Protagonisten, dessen Verhalten sie als anachronistisch kennzeichnet:

Marie-Luise Wandruszka

Karl, der Schwierige

(Aus: Marie-Luise Wandruszka: Karl, der Schwierige. Aus: Dies.: Über die Figuren der Komödie. In: Hugo von Hofmannsthal: Der Schwierige. Burgtheater Wien [Hrsg.] 1991/92 [Heft 78], S. 92 f.)

Graf Karl Bühl, der *schwierige* Protagonist dieser Komödie, ist eine Transformation des Abenteurers. Transformation, weil seine Eleganz nicht mehr an den Genuss gebunden ist,
5 sondern an einen sozialen Kodex des Adels – auch wenn dieser Kodex antiutilitaristische Züge behält, die ihn an die anarchische Großzügigkeit eines Casanova annähern. Aber vor allem ist Graf Bühl, von allen Frauen
10 der guten Gesellschaft angebeteter Junggeselle, mit Entschiedenheit überzeugt von der Notwendigkeit der Moral. Die Feinheit der Komödie besteht gerade in der Widersprüchlichkeit ihrer Absichten: die Eleganz
15 einer noch dem 18. Jahrhundert nahestehenden Aristokratie mit den Instanzen des „Schicksals" zu verknüpfen. Daher werden eine Reihe von Begriffen, die engstens ver-

bunden sind mit dem moralischen Weg in Richtung „Schicksal", wie „Absicht", „Ent- 20 schluss", „Notwendigkeit" etc., und welche in Konflikt kämen mit der Eleganz und der Leichtigkeit des Gehabens des Helden, in den negativen Figuren kritisiert – und in den positiven erneut vorgeschlagen. […] 25
Karl Bühls „Ungeschicklichkeit", sein „timider Hochmut", sein „Versteckspiel" sind das genaue Gegenteil von „Absicht". Darin besteht seine Eleganz, denn, so die Gräfin Helene, alles ist „ein bissl vulgär, wo man eine 30 Absicht merkt". Karl will keine Absichten haben. Deshalb gefällt ihm der Clown Furlani: *Alle andern lassen sich von einer Absicht leiten und schauen nicht rechts und nicht links, ja, sie atmen kaum, bis sie ihre Absicht* 35 *erreicht haben: Darin besteht eben ihr Trick. Er aber tut scheinbar nichts mit Absicht – er geht immer auf die Absicht der andern ein.* Furlani scheint nie „vulgär", da er immer auf die Absicht der andern eingeht. „Er ist förm- 40 lich schön vor lauter Nonchalance" (II, 1). Er ist nicht in Eitelkeit erstarrt, wie es auch Karl Bühl nicht ist. Die Eitelkeit, die schon dem einfachen Akt des Redens innewohnt.

2. b) Helenes Charakter:

Helene wiederum will nicht schwierig sein, sondern „artig", diskret, brav, wohl erzogen und unauffällig. Aber ihr Leben bleibt unerfüllt, weil sie so ausschließlich mit diesen Eigenschaften lebt, sie gibt der Emotionalität, der Authentizität, der Spontaneität und der Offenheit keinen Raum. Insofern ist Helene trotz ihrer intendierten Unkompliziertheit „schwierig", weil sie im Korsett ihrer wohlanständigen Rollenkonformität zu erstarren droht.

3. a) und b) Inhalts- und Beziehungsebenen des Gesprächs: ▶ S. 29

Beispiele für die Untersuchung des Texts (SB ▶ S. 27, Z. 133–162):
Er steht auf: nonverbale Mitteilung, durch die Hans Karl sein relativ offenes Eingeständnis seiner Charakter- und Identitätsschwäche (Z. 131 f.) als gesprächs- und beziehungsabschließende unwiderrufliche Loslösung von Helene deutlich macht.

Helene: „Sie sagen mir ja Adieu!": auf der inhaltlichen Ebene auch als bloßes Beschreiben von Hans Karls Sich-Zurückziehen aus der von ihm verabscheuten Soiree deutbar, ist Helenes Satz auf der Beziehungsebene eindeutig als Indiz ihrer Gewissheit zu sehen, dass dieses Geständnis Hans Karls einen endgültigen Schlussstrich unter ihre freundschaftliche, vertrauensvolle Beziehung setzt – so oft sie sich auch in Gesellschaft noch sehen werden.

Hans Karl gibt keine Antwort: Wieder reagiert Hans Karl schweigend, entsprechend seiner Ansicht, dass im Leben „schließlich alles auf das Letzte, Unaussprechliche" ankomme (Z. 9 f.). Er gibt ihr mit seinem Schweigen „beredt" zu verstehen, dass ihre Interpretation seines Aufstehens zutreffend ist.

Helene: „Auch das ...": Helene äußert, dass die Trennung für sie nicht unerwartet kommt, weiß sie doch um seinen Charakter.

Hans Karl: „Helene, es sind gewisse Gründe.": Hans Karl antwortet wieder auf der Beziehungsebene; er deutet an, dass ihre Wahrnehmungen zutreffen, dass er zu der ihr einzig adäquaten Form der Beziehung unfähig ist, aber er will sich inhaltlich nicht explizieren, weicht aus („gewisse Gründe").

Helene: „Ich glaube, ich habe ...": Inhaltlich ein Déjà-vu-Erlebnis beschreibend, beharrt Helene auf der Beziehungsebene darauf, dass Hans Karl ihr selbst mitteilen müsse (was sie sowieso wisse). Sie verlangt von ihm, dass er sich erwachsen von ihr trennt (eben nicht wie ein launisches Kind, das auf die wortlose Akzeptanz seiner Mutter baut).

Hans Karl soll aussprechen, was Helene weiß, nämlich dass er sie liebt, aber auch nicht heiraten kann/will.

Hans Karl: „Es ist nicht nur so ...": Hans Karl, der zuvor schon (Z. 26–28) geäußert hat, dass er im Umgang mit Helene vorsichtig sein müsse, weiß, dass er mit dieser Einschätzung Recht hatte. Er verstrickt sich inhaltlich in leere Schein-Rechtfertigungen und apologetische Floskeln. Auf der Beziehungsebene gibt er der in ihrer unnachgiebigen Hartnäckigkeit dominanten jungen Frau – den gesamten Gesprächsausschnitt hindurch – Recht. Immerhin spricht er – vage zwar und eher ausweichend – davon, dass sich hinter dem Adieu etwas „verstecke".

Helene: „Was denn": So adäquat Helenes Wunsch nach Präzisierung auf der Inhaltsebene auch sein mag, so überrascht doch ihr Insistieren auf ihrem Recht auf eine Antwort angesichts der von ihr durchgängig vertretenen Selbsteinschätzung als „artig" auf der Beziehungsebene.

Hans Karl: „Da muss man": Auf der Inhaltsebene gesteht Hans Karl (endlich!), welche Rolle Helene für ihn spielt („sehr zu jemandem gehören"), obwohl er nicht vorhat, mit ihr in einer festen Gemeinschaft zu leben („nicht ganz ... gehören dürfen"). Allerdings vermeidet er authentische Ich- oder Du-Botschaften. Er versteckt sich hinter einem anonymen „man", benennt also eher allgemein gültige Hintergründe für menschliche Trennungen. – Auf der Beziehungsebene jedoch ist seine Sentenz fast schon als Liebesgeständnis zu werten.

Helene (zuckt): „Was wollen Sie damit sagen?": Helenes „Zucken" spiegelt ihre Erregung; sie spürt, dass Hans Karl kurz davor steht, „indiskret" und „indezent" zu werden und das „Unaussprechliche" zu sagen (wovor er sich am meisten fürchtet). Sie fragt deswegen ohne Umschweife nach.

Hans Karl: „Da draußen, da war ...": Der Moment der Aufrichtigkeit scheint vorbei zu sein; Hans Karl sucht erneut Ausflüchte: „da draußen" [= im Krieg], da war manchmal was" – das „manchmal" reduziert die Bedeutung dessen, was er verschweigen will, macht es zu einer oberflächlichen, zufälligen Laune. Mit einer Aposiopese bricht er ab und will mit einem erneuten Hinweis auf die Unmöglichkeit zu kommunizieren das Gespräch endgültig beenden.

Helene: „Ja, mir. Jetzt.": Helenes „ja" ist inhaltlich keine passende Reaktion auf Hans Karls „wer könnte denn das erzählen"; diese logische und syntaktische Dissonanz zeugt von ihrem Aufgewühltsein und macht Hans Karl deutlich, dass sie ihn zwingen wird, sich ihr jetzt zu offenbaren, dass sie jegliche weiteren Ausflüchte und Ausreden untersagen wird. Folgerichtig „tut" Hans Karl jetzt, was Helene ihm abverlangt: er „spricht".

▶ S. 30 **4. a) Indizien:**

Die Indizien der Liebe zwischen Helene und Hans Karl sind aus der Analyse der Struktur ihrer Kommunikation schon ersichtlich; das Wesentliche ist, dass Helene für Hans Karl nicht eine von vielen ist, sondern dass er weiß, dass sie die *eine* Frau ist (SB ▶ S. 28, Z. 205 f.), die in seinem Leben eine besondere Rolle spielen könnte – sofern er es zulässt. Dass Helene Hans Karl liebt, ist angesichts ihres intuitiven Erfassens seines „schwierigen" Wesens offensichtlich; auch die Regieanweisungen („zuckt", Z. 158; „dem Umsinken nah", Z. 260) sprechen eine deutliche Sprache.

5. Sprachebenen der Szene:

Für eine sprachliche Untersuchung sind besonders die Z. 231–265, SB ▶ S. 28, geeignet. Hans Karl beschreibt zunächst Helenes Ja-Wort in einer von ihm phantasierten Hochzeitszeremonie. Er verwendet hier ganz aufrichtige Ich- und Du-Botschaften; Lexik und Syntax sind von allereinfachstem Unverstelltsein (er reiht seelische Wahrnehmungen auf); gesteht seine Zuneigung und scheut Wörter, die die Ebene der Konversation sprengen, nicht: „heilig", „klar", „rein" usw. – Nach dem von Helene fast mit therapeutischen Mitteln herbeigeführten Geständnis ist Hans Karl völlig verwandelt. Der salonerfahrene Protagonist hat „Tränen in den Augen", d. h., die Selbstoffenbarung vor Helene hat eine kathartische, heilende Wirkung – die er allerdings erschrocken verbergen will, indem er Dialekt spricht und die mit vielen Französismen durchsetzte Salonsprache verwendet („bouleversiert", „attendrier"; „wenn ich von was sprech oder hör" usw.), einen Jargon, eine verstellte Sprache, hinter der das Individuum nicht mehr kenntlich ist.

6. Deutung der Szene:

Der von H. v. Hofmannsthal selbst hergestellte Bezug zu „Ein Brief" greift das H. v. Hofmannsthals gesamtes Werk durchdringende Thema der „Antinomie von Sprechen und Tun" auf. Das Thema wird hier allerdings nicht auf einer sprachphilosophischen Ebene, sondern im Rahmen einer Komödie entfaltet.

Die Komödie, deren Rahmen in der letzten symbolträchtigen Regieanweisung der Szene („Sie wollen sich die Hände geben, keine Hand findet die andere", SB ▶ S. 28, Z. 274 f.) fast gesprengt wird, bietet natürlich doch eine Lösung: Helene, ihre „Artigkeit" vergessend, vollbringt eine zu ihrer Zeit für eine Frau gesellschaftlich „unmögliche" Tat (überwindet also die Trennung von Sprechen und Handeln), indem sie Hans Karl, der die Soiree verlassen hat, nachgeht. Dieser jedoch kommt unerwartet zurück, um ihr, wie er äußert, ihre „volle Freiheit" wiederzugeben; diesen sprachlichen Lapsus wiederholt er später („volle Unbefangenheit"). In der 8. Szene des 3. Aktes kommt es zum nachfolgend abgedruckten „Verlobungsgespräch".

ZUSATZTEXT

Hugo von Hofmannsthal

Das Verlobungsgespräch

(Aus: Ders.: Der Schwierige. Der Unbestechliche. Fischer Verlag, Frankfurt/Hamburg 1958, S. 97–100)

HELENE Meine Unbefangenheit – mir wiedergeben?
Hans Karl, unsicher, will aufstehen.
HELENE *bleibt sitzen* Also das haben Sie mir
5 sagen wollen – über Ihr Fortgehen früher?
HANS KARL Ja, über mein Fortgehen und natürlich auch über mein Wiederkommen. Eines motiviert ja das andere.
HELENE Aha. Ich dank Ihnen sehr. Und jetzt
10 werd ich Ihnen sagen, warum Sie wiedergekommen sind.
HANS KARL Sie mir?
HELENE *mit einem vollen Blick auf ihn* Sie sind wiedergekommen, weil – ja! es gibt das!
15 gelobt sei Gott im Himmel!
Sie lacht.
Aber es ist vielleicht schade, dass Sie wiedergekommen sind. Denn hier ist vielleicht nicht der rechte Ort, das zu sagen, was gesagt wer-
20 den muss – vielleicht hätte das – aber jetzt muss es halt hier gesagt werden.
HANS KARL O mein Gott, Sie finden mich unbegreiflich. Sagen Sie es heraus!
HELENE Ich verstehe alles sehr gut. Ich ver-
25 steh, was Sie fortgetrieben hat und was Sie wieder zurückgebracht hat.
HANS KARL Sie verstehen alles? Ich versteh ja selbst nicht.
HELENE Wir können noch leiser reden, wenn's
30 Ihnen recht ist. Was Sie hier hinausgetrieben hat, das war Ihr Misstrauen, Ihre Furcht vor Ihrem eigenen Selbst – sind Sie bös?
HANS KARL Vor meinem Selbst?
HELENE Vor Ihrem eigentlichen tieferen Wil-
35 len. Ja, der ist unbequem, der führt einen nicht den angenehmsten Weg. Er hat Sie eben hierher zurückgeführt.
HANS KARL Ich versteh Sie nicht, Helen!
HELENE *ohne ihn anzusehen* Hart sind nicht
40 solche Abschiede für Sie, aber hart ist manchmal, was dann in Ihnen vorgeht, wenn Sie mit sich allein sind.

HANS KARL Sie wissen das alles?

HELENE Weil ich das alles weiß, darum hätt
45 ich ja die Kraft gehabt und hätte für Sie das
Unmögliche getan.

HANS KARL Was hätten Sie Unmögliches für
mich getan?

HELENE Ich wär Ihnen nachgegangen.

50 HANS KARL Wie denn „nachgegangen"? Wie
meinen Sie das?

HELENE Hier bei der Tür auf die Gasse hinaus.
Ich hab Ihnen doch meinen Mantel gezeigt,
der dort hinten liegt.

55 HANS KARL Sie wären mir –? Ja, wohin?

HELENE Ins Kasino oder anderswo – was weiß
ich, bis ich Sie halt gefunden hätte.

HANS KARL Sie wären mir, Helen –? Sie hätten
mich gesucht? Ohne zu denken, ob –?

60 HELENE Ja, ohne an irgendetwas sonst zu denken. Ich geh dir nach – Ich will, dass du mich –

HANS KARL mit unsicherer Stimme: Sie, du,
du willst?

Für sich

65 Da sind wieder diese unmöglichen Tränen!

Zu ihr

Ich hör Sie schlecht. Sie sprechen so leise.

HELENE Sie hören mich ganz gut. Und da sind
auch Tränen – aber die helfen mir sogar eher,
70 um das zu sagen –

HANS KARL Du – Sie haben etwas gesagt?

HELENE Dein Wille, dein Selbst; versteh mich,
er hat dich umgedreht, wie du allein warst,
und dich zu mir zurückgeführt. Und jetzt –

75 HANS KARL Jetzt?

HELENE Jetzt weiß ich zwar nicht, ob du jemand wahrhaft lieb haben kannst – aber ich
bin in dich verliebt, und ich will – aber das ist
doch eine Enormität, dass Sie mich das sagen
80 lassen!

HANS KARL zitternd Sie wollen von mir –

HELENE mit keinem festeren Ton als er Von
deinem Leben, von deiner Seele, von allem –
meinen Teil!

85 Eine kleine Pause

HANS KARL Helen, alles, was Sie da sagen, per-
turbiert mich in der maßlosesten Weise um
Ihretwillen, Helen, natürlich um Ihretwillen!
Sie irren sich in Bezug auf mich, ich hab einen
90 unmöglichen Charakter.

HELENE Sie sind, wie Sie sind, und ich will
kennen, wie Sie sind.

HANS KARL Es ist so eine namenlose Gefahr
für Sie.

95 Helene schüttelt den Kopf.

HANS KARL Ich bin ein Mensch, der nichts als

Missverständnisse auf dem Gewissen hat.

HELENE lächelnd Ja, das scheint!

HANS KARL Ich hab so vielen Frauen wehge-
tan.   100

HELENE Die Liebe ist nicht süßlich.

HANS KARL Ich bin ein maßloser Egoist.

HELENE Ja? Ich glaub nicht.

HANS KARL Ich bin so unstet, nichts kann
mich fesseln.   105

HELENE Ja, Sie können – wie sagt man das? –
verführt werden und verführen. Alle haben
Sie sie wahrhaft geliebt und alle wieder im
Stich gelassen. Die armen Frauen! Sie haben
halt nicht die Kraft gehabt für euch beide.   110

HANS KARL Wie?

HELENE Begehren ist Ihre Natur. Aber nicht:
das – oder das – sondern von einem Wesen:
– alles – für immer! Es hätte eine die Kraft haben müssen, Sie zu zwingen, dass Sie von ihr   115
immer mehr und mehr begehrt hätten. Bei der
wären Sie dann geblieben.

HANS KARL Wie du mich kennst!

HELENE Nach einer ganz kurzen Zeit waren
sie dir alle gleichgültig, und du hast ein rasen- 120
des Mitleid gehabt, aber keine große Freundschaft für keine: Das war mein Trost.

HANS KARL Wie du alles weißt!

HELENE Nur darin hab ich existiert. Das allein
hab ich verstanden.   125

HANS KARL Da muss ich mich ja vor dir
schämen.

HELENE Schäm ich mich denn vor dir? Ah
nein. Die Liebe schneidet ins lebendige Fleisch.

HANS KARL Alles hast du gewusst und ertra-   130
gen –

HELENE Ich hätt nicht den kleinen Finger
gerührt, um eine solche Frau von dir wegzu-
bringen. Es wär mir nicht dafür gestanden.

HANS KARL Was ist das für ein Zauber, der in   135
dir ist. Gar nicht wie die andern Frauen. Du
machst einen so ruhig in einem selber.

HELENE Du kannst freilich die Freundschaft
nicht fassen, die ich für dich hab. Dazu wird
eine lange Zeit nötig sein – wenn du mir die ge- 140
ben kannst.

HANS KARL Wie du das sagst!

HELENE Jetzt geh, damit dich niemand sieht.
Und komm bald wieder. Komm morgen,
am frühen Nachmittag. Die Leut gehts nichts   145
an, aber der Papa solls schnell wissen. – Der
Papa solls wissen, – der schon! Oder nicht,
wie?

HANS KARL verlegen Es ist das – mein guter
Freund Poldo Altenwyl hat seit Tagen eine   150

Angelegenheit, einen Wunsch – den er mir oktroyieren will: Er wünscht, dass ich, sehr überflüssigerweise, im Herrenhaus das Wort ergreife –

155 HELENE Aha –

HANS KARL Und da geh ich ihm seit Wochen mit der größten Vorsicht aus dem Weg – vermeide, mit ihm allein zu sein – im Kasino, auf der Gasse, wo immer –

HELENE Sei ruhig – es wird nur von der Hauptsache die Rede sein – dafür garantier ich. – Es kommt schon jemand: Ich muss fort. 160

HANS KARL Helen!

HELENE *schon im Gehen, bleibt nochmals stehen* Du! Leb wohl! 165
Nimmt den Mantel auf und verschwindet durch die kleine Tür links.

ZU DEN ARBEITSANREGUNGEN

1. b) Kommunikation der Protagonisten: ▶ S. 31
Der Hintergrund für das Misslingen der Kommunikation zwischen den drei Personen in „Sonnenaufgang" von Douglas Coupland (SB ▶ S. 30 f.) liegt nicht – wie bei Hofmannsthal – in Sprachskepsis begründet, sondern in ihrem Bestreben, voreinander „Coolness" zu bewahren.

---

2 Sprachkritik

2.1 Friedrich Nietzsche

▶ S. 32

ARBEITSANREGUNGEN

1. Gliederung der Textausschnitte:
Kleinschrittig wäre der Text von Friedrich Nietzsche (SB ▶ S. 32–34) folgendermaßen zu gliedern: ▶ S. 34

1.	Z. 1–4	Ohne Vergesellschaftung nützte der Mensch seinen Verstand für egoistische Zwecke und zur Verstellung.
2.	Z. 4–20	Vergesellschaftung/Friedensschluss schaffen sprachliche Konventionen und damit die Möglichkeit der Unterscheidung zwischen Wahrheit und Lüge.
3.	Z. 20–36	Auf Lügen wird gesellschaftlich durch Sanktionen reagiert, aber nicht wegen menschlicher Wahrheitsliebe, sondern aus Eigennutz.
4.	Z. 36–43	Die vermeintliche Wahrheitsliebe bezieht sich nur auf angenehme Folgen der Wahrheit.
5.	Z. 43–48	Frage: Decken sich „Bezeichnungen" und „Dinge"?
6.	Z. 49–57	Nietzsche definiert sprachliche Zeichen (als „Abbildung eines Nervenreizes in Lauten").
7.	Z. 57–82	Sprachliche Zeichen sind willkürlich.
8.	Z. 82–116	Mensch kann das „Ding an sich" nicht fassen; er beschreibt Reaktionen der Dinge zu sich selbst in Form von Metaphern.

| 9. | Z. 117–151 | Begriffe entstehen durch falsche Generalisierungen, „Gleichsetzen des Nichtgleichen". (Nietzsche kritisiert die durch Begriffe entstehende Vorstellung, es gebe „Urformen" der Dinge – vgl. Platons „Idee".) |
| 10. | Z. 152–176 | Schlussfolgerung: Wahrheit – als Begriff – ist eine Illusion, die jedoch weiterhin als Wahrheit hypostasiert Geltung heischt. |

▶ S. 34 **2. Friedrich Nietzsches Menschenbild:**

Friedrich Nietzsches pessimistische Sprachsicht resultiert hier aus einer pessimistischen Weltsicht: Der Mensch erscheint als nur seinen egoistischen Interessen verpflichtet; moralische Werte/Begriffe wurzeln im Bestreben, „das *allergröbste* bellum omnia contra omnes" (SB ▶ S. 32, Z. 8 f.) zu beseitigen.

3. Friedrich Nietzsches Verwendung der Worte:

„Wort" definiert Nietzsche als „Zeichen" (vgl. Klappentext im SB, vordere Innenseite links). „Begriff" wird als Bezeichnetes für eine Gattung, etwas Allgemeines (vgl. Ausführungen zu den Universalien, LB ▶ S. 20) verstanden. Im **„Begriff"** werden ähnliche Dinge/Tatbestände/Sachverhalte (sprachlich) vergewaltigt und zu gleichen gemacht und verzerren somit die Wirklichkeit. Eine **„Metapher"** ist der Versuch, das „Ding an sich" durch ein Bild zu ersetzen. Da wir nichts von einem „Ding an sich", einer „Idee an sich" wissen, also auch nichts von einer „Wahrheit an sich", einem „für uns unzugänglichen und undefinierbaren X", generalisieren wir hinsichtlich der zu definierenden Eigenschaft „Ehrlichkeit", tautologisches Vorgehen also. Anders als über die Tautologie ist aber die Wahrheit sprachlich nicht fassbar.

„Lüge" ist laut Nietzsche intellektuelle Verstellung, ein Missbrauch der konventionellen Zeichen.

4. Friedrich Nietzsches Kritik am Beispiel des Begriffs „Blatt":

Friedrich Nietzsche (SB ▶ S. 32–34) führt zunächst aus, dass kein Blatt dem anderen ganz gleicht. (Die Gemeinsamkeiten, aber auch die Unterschiede zwischen den vielen individuellen Blättern könnten auch beschrieben werden, indem die Schülerinnen und Schüler je ein Blatt mit in den Unterricht bringen oder aber möglichst wenig schematisierend ein Blatt zeichnen und kolorieren.) Der Begriff „Blatt" nun lässt die „individuellen Verschiedenheiten" der konkreten Blätter fallen und suggeriert dem Sprecher, es gäbe „in der Natur außer den Blättern etwas, das Blatt wäre, etwa eine Urform, nach der alle Blätter gewebt, gezeichnet, abgezirkelt, gefärbt, gekräuselt, bemalt wären, aber von ungeschickten Händen, sodass kein Exemplar korrekt und zuverlässig als treues Abbild der Urform ausgefallen wäre" (SB ▶ S. 33, Z. 132–138).

Es sollte versucht werden, den Begriff „Blatt" mit Hilfe der wesentlichen Eigenschaften der (mitgebrachten) konkreten Blätter zu definieren, beispielsweise

● das Blatt ist flach,
● es ist durch Blattgrün gefärbt,
● es besteht aus Blattstiel und Blattspreite.

Oder beispielsweise mit den Fragen:

● Wie ist seine Form?
● Wie sieht der Rand des Blattes aus?
● Wie sieht seine Oberfläche aus?
● Welche Farbschattierungen hat das Blatt?

Wenn der Begriff „Blatt" somit das „Individuelle und Wirkliche" vernachlässigt, so ist diese Vernachlässigung bei abstrakten Begriffen noch deutlicher zu beobachten und noch folgenreicher, vor allem in ethischer Hinsicht. „Die konventionellen Begriffe sind leer geworden wie Münzen, die durch Abnützung ihr Bild verloren haben" (SB ▶ S. 34, Z. 174 ff.).

5. Vergleich der Überlegungen:

An dieser unter Aufgabe 4 ausgeführten Tatsache leidet auch Lord Chandos in „Ein Brief" (SB ▶ S. 23 f.), wenn er den Weg zu den Dingen selbst sucht, den er durch Worte (Begriffe) verstellt sieht.

2.2 Fritz Mauthner: Beitrag zu einer Kritik der Sprache   ▶ S. 34

ZU DEN ARBEITSANREGUNGEN

1. Fritz Mauthners Sprachkritik: ▶ S. 35

Fritz Mauthners Sprachkritik (Eine Kritik der Sprache, SB ▶ S. 34 f.) ist von einer aggressiven Polemik geprägt, die sich in zahlreichen Bildern und Metaphern äußert. Die Bilder werden dabei nicht unbedingt durchgehalten, sondern vermengt und nur durch die Leidenschaft des Affekts zusammengehalten. Er verwendet starke rhetorische Mittel, z. B. die Parallelität des Satzbaus, die den Beginn des Textausschnitts kennzeichnet. Fünfmal setzt er an: „die Sprache ist …", um sie dann als „Peitsche", „Ziehhund", „Hundsaffe", „Prostituierte", „Lehrmeisterin zum Laster", „Teufelin" zu geißeln. Allen Bildern und Metaphern ist gemein, dass sie zeigen sollen, dass die Sprache missbraucht worden ist und zum Missbrauch eingesetzt wird. Für F. Mauthner hat die Sprache die „Menschheit aus dem Paradies vertrieben", da sie im Menschen die Sehnsucht nach Erkenntnis geweckt hat (auch F. Mauthner geht also von einem Zusammenhang zwischen Erkenntnisphilosophie und Sprachphilosophie aus), ihm aber keine Erkenntnis, sondern nur „Worte zu den Dingen" geliefert hat.

2. Emotionale Komponenten im Essay: ▶ S. 35

Wut und Hass erkennt man in der zweiten Texthälfte des Essays (SB ▶ S. 34 f.) vor allem daran, dass Mauthner die Sprache mit einer unwohnlich gewordenen Großstadt vergleicht – auch hier wieder grell die Bilder wechselnd –, wobei die Darstellung letztendlich in Bildern von Kloaken und Unrat, von Vergiftung und Verseuchung mündet: „In ihren verrosteten Rohren fließt durcheinander Licht und Gift, Wasser und Seuche und spritzt … mitten unter den Menschen" (SB ▶ S. 35, Z. 82 ff.). F. Mauthners „Witz" ist aus der Verzweiflung geboren und entsprechend aggressiv. Die Sprache und die einzelnen Wörter sind wehrlos ihrem Gebrauch ausgesetzt: „alles gehört allen, alle baden darin, alle saufen es und alle geben es von sich" (Z. 94 f.). Dieses an sich witzige Bild, das veranschaulichen soll, dass die Sprache „Gemeineigentum" ist, ist beim genauen Betrachten ebenfalls unstimmig (Badewasser, Trinkwasser, Urin); seine Stimmigkeit erhält es allein durch die Heftigkeit der Verachtung. – Nur im Verstummen könnte man die Wahrheit „empfinden" (Z. 49), im Verzicht auf Erkenntnis/Sprache.

2.3 Karl Kraus   ▶ S. 36

ZU DEN ARBEITSANREGUNGEN

1. Karl Kraus' Haltung zum Krieg: ▶ S. 37

Dem Ersten Weltkrieg, der eine Katastrophe von bis dahin unvorstellbarem Ausmaß wurde (über 9,5 Millionen Tote und Vermisste, fast 19 Millionen Verwundete), wurde in Österreich zunächst mit uneingeschränkter Begeisterung begegnet. Nur wenige, unter ihnen Karl Kraus, waren von Anfang an erbitterte Kriegsgegner: im Namen der Moral und Vernunft. Das Mittel, das Kraus im Kampf gegen den Krieg einsetzte, ist die unerbittlichste Kritik einer Sprache, die sich in den Dienst des Krieges und damit den Dienst der Lüge stellt, die Entlarvung der Phrasen. Den führenden Geistern in Politik, Wirtschaft, Kultur und im Militär wirft er vor, sich hinter einer pompösen Scheinarchitektur verlogener Phrasen zu verschanzen, hinter denen die „Wahrheit" des Krieges – seine Unmenschlichkeit, seine Grausamkeit, sein Terror – verborgen bleiben soll. In seinem Roman „Die letzten Tage der Menschheit" hat Karl Kraus deswegen viel authentisches dokumentarisches propagandistisches Textmaterial aus dem (politischen und medialen) Umkreis des Krieges aufgenommen. In Spielszenen wird dieses Textmaterial quasi seiner Verlogenheit entkleidet. Eine große Rolle in der revueartigen Szenenfolge spielen zwei wiederholt auftretende Figuren, der „Optimist" (der an die Phrasen und damit an die durch diese Phrasen vorgegaukelten Inhalte glaubt) und der „Nörgler" (der sprachkritische Gegenspieler des Optimisten).

Karl Kraus

Sprache und Krieg

(Aus: Ders.: Die letzten Tage der Mensch-heit. Schriften, Band 10. © Suhrkamp Ver-lag, Frankfurt/Main 1986, S. 152)

DER OPTIMIST Sind Sie denn in der Lage, einen fassbaren Zusammenhang zwischen der Spra-che und dem Krieg herzustellen?

5 DER NÖRGLER Etwa den: dass jene Sprache, die am meisten zu Phrase und Vorrat erstarrt ist, auch den Hang und die Bereitschaft hat, mit dem Tonfall der Überzeugung alles das an sich selbst untadelig zu finden, was dem an-dern zum Vorwurf gereicht.

10 DER OPTIMIST Und das sollte eine Qualität der deutschen Sprache sein?

DER NÖRGLER Hauptsächlich. Sie ist heute selbst jene Fertigware, die an den Mann zu bringen den Lebensinhalt ihrer heutigen
15 Sprecher ausmacht, und sie hat nur noch die Seele des Biedermannes, der gar keine Zeit hatte, eine Schlechtigkeit zu begehen, weil sein Leben nur auf sein Geschäft auf- und draufgeht und wenns nicht gereicht hat, ein offenes Konto bleibt. 20

DER OPTIMIST Sollten diese Gedanken nicht weit hergeholt sein?

DER NÖRGLER Von dem Fernsten, von der Sprache.

DER OPTIMIST Und suchen die andern kein 25 Geschäft?

DER NÖRGLER Aber ihr Leben geht nicht drauf auf.

DER OPTIMIST Die Engländer machen mit dem Krieg ein Geschäft und ließen auch stets nur 30 Söldner für sich kämpfen.

DER NÖRGLER Die Engländer sind eben keine Idealisten, sie wollen für ihr Geschäft nicht ihr Leben einsetzen.

DER OPTIMIST Söldner kommt unmittelbar 35 von Sold, da haben Sie Ihre Sprache!

DER NÖRGLER Ein klarer Fall. Aber Soldat noch unmittelbarer. Der Unterschied ist freilich, dass der Soldat weniger Sold und mehr Ehre bekommt, wenn er fürs Vaterland 40 sterben geht.

Karl Kraus

Krieg

(Aus: Ders.: Die letzten Tage der Mensch-heit. Schriften, Band 10. © Suhrkamp Ver-lag, Frankfurt/Main 1986, S. 157 ff.)

DER OPTIMIST Es ist gewiss gefährlich, wenn Kinder mit Granaten spielen.

DER NÖRGLER Und die Erwachsenen, die des-gleichen tun, hüten sich nicht einmal, mit
5 Granaten zu beten! Ich habe ein Kreuz ge-sehen, das aus einer verfertigt war.

DER OPTIMIST Das sind Begleiterscheinungen. Sonst hat auch der Krieg an Ihnen nicht immer einen so überzeugten Verächter ge-
10 funden.

DER NÖRGLER Sonst habe ich auch in Ihnen nicht immer einen so überzeugten Missverste-her gefunden. Sonst war der Krieg ein Turnier der Minderzahl und jedes Beispiel hatte Kraft.
15 Jetzt ist er ein Maschinenrisiko der Gesamt-heit und Sie sind ein Optimist.

DER OPTIMIST Die Entwicklung der Waffe kann doch hinter den technischen Errungen-schaften der Neuzeit unmöglich zurückblei-
20 ben.

DER NÖRGLER Nein, aber die Fantasie der Neuzeit ist hinter den technischen Errungen-schaften der Menschheit zurückgeblieben.

DER OPTIMIST Ja, führt man denn mit Fantasie Kriege? 25

DER NÖRGLER Nein, denn wenn man jene noch hätte, würde man diese nicht mehr führen.

DER OPTIMIST Warum nicht?

DER NÖRGLER Weil dann die Suggestion einer von einem abgelebten Ideal zurückgebliebe- 30 nen Phraseologie nicht Spielraum hätte, die Gehirne zu benebeln; weil man selbst die un-vorstellbarsten Gräuel sich vorstellen könnte und im Voraus wüsste, wie schnell der Weg von der farbigen Redensart und von allen 35 Fahnen der Begeisterung zu dem feldgrauen Elend zurückgelegt ist; weil die Aussicht, fürs Vaterland an der Ruhr zu sterben oder sich die Füße abfrieren zu lassen, kein Pathos mehr mobil machen würde; weil man mindestens 40 mit der Sicherheit hinauszöge, fürs Vaterland Läuse zu bekommen. Und weil man wüsste, dass der Mensch die Maschine erfunden hat, um von ihr überwältigt zu werden, und weil man die Tollheit, sie erfunden zu haben, nicht 45 durch die ärgere Tollheit, sich von ihr töten zu lassen, übertrumpfen würde; weil der Mensch fühlte, dass er sich gegen einen Feind wehren soll, von dem er nichts sieht als aufsteigenden Rauch, und ahnte, dass die eigene Vertretung einer Waffenfabrik keinen hinreichenden Schutz gegen die Angebote der feindlichen Waffenfabrik gewährt. Hätte man also Fantasie, so wüsste man, dass es Verbrechen ist, das Leben dem Zufall auszusetzen, Sünde, den Tod zum Zufall zu erniedrigen, dass es Torheit ist, Panzerschiffe zu bauen, wenn man Torpedoboote baut, um sie zu überlisten, Mörser zu bauen, wenn man zum Schutz gegen sie Schützengräben baut, in denen nur jener verloren ist, der seinen Kopf früher heraussteckt, und die Menschheit auf der Flucht vor ihren Waffen in Mauselöcher zu jagen und sie einen Frieden fortan nur unter der Erde genießen zu lassen. Hätte man statt der Zeitung Fantasie, so wäre Technik nicht das Mittel zur Erschwerung des Lebens und Wissenschaft ginge nicht auf dessen Vernichtung aus. Ach, der Heldentod schwebt in einer Gaswolke und unser Erlebnis ist im Bericht abgebunden! 40 000 russische Leichen, die am Drahtverhau verzuckt sind, waren nur eine Extraausgabe, die eine Soubrette dem Auswurf der Menschheit im Zwischenakt vorlas, damit der Librettist gerufen werde, der aus der Parole des Opfermuts „Gold gab ich für Eisen" die Schmach einer Operette verfertigt hat. Die sich selbst verschlingende Quantität lässt nur noch Gefühl für das, was einem selbst und etwa dem räumlich Nächsten zustößt, was man unmittelbar sehen, begreifen, betasten kann. Ist es denn nicht spürbar, wie aus diesem ganzen Ensemble, in dem mangels eines Helden jeder einer ist, sich jeder mit seinem Einzelschicksal davonschleicht! Nie war bei größerer Entfaltung weniger Gemeinschaft als jetzt. Nie war eine riesenhaftere Winzigkeit

das Format der Welt. Die Realität hat nur das Ausmaß des Berichts, der mit keuchender Deutlichkeit sie zu erreichen strebt. Der meldende Bote, der mit der Tat auch gleich die Fantasie bringt, hat sich vor die Tat gestellt und sie unvorstellbar gemacht. Und so unheimlich wirkt seine Stellvertretung, dass ich in jeder dieser Jammergestalten, die uns jetzt mit dem unentrinnbaren, für alle Zeiten dem Menschenohr angetanen Ruf „Extraausgabee–!" zusetzen, den verantwortlichen Anstifter dieser Weltkatastrophe fassen möchte. Und ist denn der Bote nicht der Täter zugleich? Das gedruckte Wort hat ein ausgehöhltes Menschentum vermocht, Gräuel zu verüben, die es sich nicht mehr vorstellen kann, und der furchtbare Fluch der Vervielfältigung gibt sie wieder an das Wort ab, das fortzeugend Böses muss gebären. Alles, was geschieht, geschieht nur für die, die es beschreiben, und für die, die es nicht erleben. Ein Spion, der zum Galgen geführt wird, muss einen langen Weg gehen, damit die im Kino Abwechslung haben, und muss noch einmal in den fotografischen Apparat starren, damit die im Kino mit dem Gesichtsausdruck zufrieden sind. Lassen Sie mich diesen Gedankengang bis zum Galgen der Menschheit nicht weitergehen – und dennoch muss ich, denn ich bin ihr sterbender Spion, und mein herzbeklemmendes Erlebnis ist der Horror vor jenem Vakuum, das diese beispiellose Ereignisfülle in den Gemütern, in den Apparaten vorfindet!

DER OPTIMIST Die schmutzige Begleitung großer Dinge ist eine unvermeidliche Begleiterscheinung. Es ist ja möglich, dass sich die Welt nicht in der Nacht auf den 1. August 1914 geändert hat.

ZU DEN ARBEITSANREGUNGEN

2. Fragen für ein Interview:
Die Fragen müssen auf jeden Fall **offen** formuliert sein, also als Ergänzungs- und nicht als Entscheidungsfragen: ● Wie sind Sie im Lande des Feindes behandelt worden? ● Welche Eindrücke haben Sie während Ihres Aufenthalts gewonnen? ● Wie war ihre Stimmung während der Rückreise?

▶ S. 37, oben

ZU DEN ARBEITSANREGUNGEN

So „harmlos" das in der Szene durchgeführte Interview angesichts der modernen medialen Mittel auch erscheint, so typisch sind die in ihm verdeutlichten Missbräuche (leider) bis heute geblieben.

▶ S. 37, unten

▶ S. 37, **1. Äußerungen der Reporter:**

unten   Die drei Reporter wollen eigentlich *nichts* erfahren, sondern die Bestätigung dessen erhalten, was sie vermuten bzw. aus propagandistischen Gründen schon längst zu schreiben beschlossen haben. Sie formulieren deswegen auch kaum Fragen, sondern artikulieren sich vorwiegend im Imperativ. Die Reaktion ihres Gegenübers warten sie nicht ab, sondern „bombardieren" die Schauspielerin mit weiteren Aufforderungen; die interviewte Person kommt überhaupt nicht zu Wort.

Vergleichend könnte auf Sätze zurückgegriffen werden, die die Schülerinnen und Schüler formuliert haben.
- Wie sind Sie behandelt worden?
- Schildern Sie, wie Sie behandelt wurden!
- Schildern Sie, wie Sie behandelt wurden wie eine Gefangene! (Füchsl, Z. 1 f.)

In den drei Beispielen wird die Freiheit des Befragten, sich offen und differenziert, vor allem selbstbestimmt zu äußern, immer stärker eingeschränkt. In dem letzten Satz (des Reporters Füchsl, SB ▶ S. 37, Z. 1 f.) wird die Antwort sogar schon mit formuliert;. Dies zeugt von völligem Desinteresse an dem konkreten Menschen, an den er sich richtet, von Unmenschlichkeit also, aber auch davon, dass die herrschende Ideologie so übermächtig Besitz von den drei Reportern ergriffen hat, dass diese ein so festes Bild von ihrer Wirklichkeit haben, dass sie der Wirklichkeit selbst gar nicht mehr bedürfen, diese eigentlich nur störend ist. Eine Frage wie „Wie sind Sie behandelt worden?" enthält das eben angesprochene Wirklichkeitsinteresse. Eine Aufforderung wie „Schildern Sie, wie sie behandelt wurden wie eine Gefangene!" beweist, dass der Reporter sich im Besitz der Wahrheit zu sein fühlt – und dass er einer „wirklichen" Wirklichkeit dieser Wahrheit nicht bedarf, diese im Gegenteil abblockt. Die beiden Fragen im Interview sind auch bezeichnend. Zum einen sind sie geschlossen, können also nur mit „ja" oder „nein" beantwortet werden, zum anderen beantworten die Reporter sie selbst durch eine Aufforderung: ● „Haben Sie Spuren von Nagaikas? ● Zeigen Sie her!" ● „Haben Sie Eindrücke? ● Sie müssen furchtbar zu leiden gehabt haben, hören Sie, Sie müssen!"

ZU DEN ARBEITSANREGUNGEN

▶ S. 38 **2. Wie die Reporter mit den Mitteilungen umgehen:**

Die Reporter schreiben ausführlich über Elfriede Ritters Erlebnisse in Russland, ohne dass diese überhaupt ein einziges Wort darüber gesagt hat. Auf S. 38, Z. 7, ergreift sie erstmals das Wort: „Jetzt bin ich aber ernstlich böse – es ist nicht wahr, meine Herren, ich protestiere –". Wie die drei Reporter auf ihren ersten Einwand eingehen, ist symptomatisch für das weitere „Interview": Sie greifen zwei einzelne Worte auf, die sie in ihrem Bericht sozusagen zitieren, diese Worte reißen sie jedoch aus dem Zusammenhang und bauen sie in ihre vorgefertigten Lügen ein: „Sie wird ganz böse, wenn man ihre Erinnerung an diese Erlebnisse, an ihre aussichtslosen Proteste –".

Die Schauspielerin ergreift erneut das Wort: „Es ist nicht wahr" (Z. 13). Dass die Sprache nur noch der Lüge dient, zum willenlosen, wirklichkeitsverzerrenden Instrument der kriegsunterstützenden Medien geworden ist, wird durch Füchsls Antwort überdeutlich: „Nicht – wahr? Was heißt nicht wahr, wo ich jedes Wort von Ihnen mitschreib?" (Z. 15 ff.) Auf das wehrhafte Eintreten der Schauspielerin für die Wahrheit reagieren die drei Reporter mit direkten und indirekten Drohungen, woraufhin Frau Ritter die angespannte Atmosphäre durch eine gewisse anbiedernde („wieder in meinem lieben Wien", S. 38, Z. 61) Schalkhaftigkeit und weibliche Koketterie („Doktorchen, Doktorchen ...", S. 39, Z. 2) zu entkrampfen sucht.

ZU DEN ARBEITSANREGUNGEN

▶ S. 40 **1. Elfriede Ritters Definition des Begriffs „Wahrheit":**

Auf den Seiten 38 und 40 vollzieht sich das „Interview" zunehmend im Sinn der Reporter, indem sich die Schauspielerin angesichts der Drohungen der Reporter zur Neu-Definition der „Wahrheit" entschließt. Zunächst entschuldigt sie ihre ursprüngliche „Wahrheit" mit einem Irrtum („ich hab nämlich – geglaubt, es sei die Wahrheit", S. 39, Z. 72 ff.), danach führt sie geschlechtsspezifische Ursachen für ihren Irrtum an („ich als Frau hab ja auch gar nicht mal so den rechten Überblick", Z. 83 f.), wodurch sie sich selbst erniedrigt. Sie „spielt", um die Reporter wieder zu versöhnen, das „Frauchen" („unsereins ist so verschüchtert", Z. 85 f.); sie schmeichelt sich regelrecht bei den Männern ein („wie Sie die geheimsten Empfindungen ...", Z. 116 f.), die sich ihrerseits mit Formulierungen überbieten, um die erfundenen Qualen der Schauspielerin in Moskau zu dramatisieren.

2. Sprachliche und inhaltliche Strategien der Reporter:

Zitat	das „Gesagte"	das „Gemeinte"
… das kann Ihnen schaden! (SB ▶ S. 38, Z. 25)	vermeintlich anteilnehmender Rat	vage Drohung
Machen Sie sich nicht unglücklich! (S. 38, Z. 26)	Rat, Folgen zu beachten	vage Drohung
Wann hat Sie denn wieder eine Rolle? (S. 38, Z. 27 f.)	Frage nach nächstem Bühneneinsatz	Konkretisierung der Drohung: Reporter können ihren Einsatz verhindern
Wenn ich das … dem Direktor erzähl, kriegt die Berger das Gretchen, das garantiere ich Ihnen. (S. 38, Z. 29–31)	Information über Reaktion des Direktors	drohender Verlust der Hauptrolle im „Faust"
Das ist also der Dank … Sie kennen den Fuchs nicht! (S. 38, Z. 32–34)	Information über den wahren Charakter des Reporters Fuchs	Appell: Verdeutlichung, dass sie den Reportern verpflichtet ist und bei Undankbarkeit mit Rache zu rechnen hat
Passen Sie auf bei der nächsten Premier! (S. 38, Z. 34 f.)	Warnung vor Fuchs	Drohung mit Presseverrissen bei Theaterauftritten
er (Wolf) verreißt Sie auf der Stelle! … und Löw? … (S. 38, Z. 41–44)	Warnung vor den Reportern Wolf und Löw (Namensgebung!)	Konkretisierung: einflussreichste Reporter werden ihre berufliche Zukunft in Wien unmöglich machen
Ritter, sind Sie vernünftig; glauben Sie, dass Ihnen ein bissl Reklam schaden wird … (S. 39, Z. 32–34)	Rat zur Vernunft und Anpassung	Zusicherung, dass bei Einlenken und Wahrheitsverzicht (= „Vernunft!", sic!) die Presse ihre Karriere fördern wird
möchte es Ihnen kolossal nutzen, … wenn Sie in Russland misshandelt wurden (S. 39, Z. 56–59)	Russlandaufenthalt kann von ihr positiv genutzt werden	Appelliert an ihr Interesse an Karriere und Weiterkommen
Sie kommen aus Berlin (S. 39, Z. 60–64)	Sie ist keine Wienerin, sondern nur Gast	Drohung, dass ihr Wien feindlich gesinnt sein könnte
Eine Person soll … es handelt sich um Ihre Existenz (S. 39/Z. 69–70)	Künstlerin muss in der Lage sein zu „erzählen"; sie soll an ihre Existenzgrundlage denken	Zweifel an ihrer künstlerischen Qualität – zusammenfassende Drohung: In Wien wird sie weder persönlich noch beruflich mehr eine Zukunft haben

▶ S. 41

2.4 Sprache als Thema im Gedicht

ZU DEN ARBEITSANREGUNGEN

▶ S. 44 **1. Thematisierte Probleme mit der Sprache:**

Die thematisierten Probleme in den Gedichten (SB ▶ S. 41–44) mit der Sprache sind bei:

- Rainer Maria Rilke, „Menschen bei Nacht" (S. 41): Unmöglichkeit authentischer Ich-Botschaften, Anonymität von Kommunikations- und Interaktionsabläufen in nächtlicher Großstadt;
- Stefan George, „Das Wort" (S. 41): Das Wort erzeugt in der Dichtung erst die „wirkliche" (im Sinne von sinnvolle, positive, aber auch esoterisch abgehobene) Welt; „kein ding sei wo das wort gebricht";
- Friedrich Nietzsche, „Das Wort" (S. 41): Appell zum sensiblen, bedachtsamen Wortgebrauch; das Wort erscheint, personifiziert dargestellt, als lebendiges Wesen, das bei „plumper" und verantwortungsloser Verwendung stirbt, nur noch äußerliches, „seelenlos" gewordenes „Kling-Kling-Kling" ist, also seine Bedeutung verloren hat;
- Manuel Machado, „Der schwarze Garten" (S. 42): Schweigen als einzige mögliche Reaktion auf die Einsicht, dass (früher für möglich gehaltene) Erkenntnis verwehrt bleibt;
- H. v. Hofmannsthal, „Weltgeheimnis" (S. 42): Bild des „tiefen Brunnens", der heute allein das „Weltgeheimnis kennt", um die Sinnhaftigkeit menschlichen Lebens weiß; die menschliche Sprache jedoch verstellt den Weg in den Brunnen, hat dies „Geheimnis" immer unergründbarer gemacht – nur Narren, Dichter, Kinder, Liebende empfinden noch den Abglanz einstiger Erkenntnis;
- Franz Werfel, „Der Mensch ist stumm" (S. 43): Unmöglichkeit, mit Sprache das einzig Wesentliche auszudrücken;
- Oskar Baum, „Gespenster" (S. 43): Während der plötzlichen Stille in einem Freundeskreis Innewerden, dass trotz vermeintlicher Nähe Fremdheit zwischen den Menschen bestehen bleibt; Sehnsucht nach „erlösendem" Wort, durch das diese Erkenntnis wieder verdrängt werden kann;
- H. v. Hofmannsthal, „Frage" (S. 43): Zweifel an eindeutiger Interpretation von Körpersprache (Blick) der Geliebten; Frage, ob nonverbale Kommunikation schon so ‚seelenlos' wie „Worte, Worte" ist;
- Jiři Wolker, „Die Dinge" (S. 44): Versuch der Wahrnehmung der stummen Dinge („verschwiegene Gefährten"), der Dinge „hinter" den Worten, die gern sprächen;
- Paul Eluard, „Das Wort" (S. 44): metaphorisches Rollengedicht des „Worts", das trotz Kränklichkeit, Vergesslichkeit, Alter auf seinem Anspruch auf Sensibilität, Schönheit und Freiheit beharrt.

2. Zuordnung der Gedichte:

Arthur Schnitzler: „Die Frage an das Schicksal" – Oskar Baum: „Gespenster"
Hugo von Hofmannsthal: „Ein Brief" – Jiři Wolker: „Die Dinge"
Hugo von Hofmannsthal: „Der Schwierige" – Hugo von Hofmannsthal: „Frage"
Friedrich Nietzsche: „Wahrheit und Lüge ..." – Friedrich Nietzsche: „Das Wort"

3. Analyse und Interpretation eines Gedichts:

Es wird vorgeschlagen, dass die zehn Gedichte in Partnerarbeit bzw. in Kleingruppenarbeit analysiert werden; im Anschluss sollten sich je zwei Gruppen über ihre Ergebnisse informieren und einen Gedichtvergleich vornehmen. Gut vergleichbar sind:

S. George – F. Nietzsche
F. Werfel – H. v. Hofmannsthal („Frage")
M. Machado – H. v. Hofmannsthal („Weltgeheimnis")
R. M. Rilke – O. Baum
J. Wolker – P. Eluard

▶ S. 44

4. Mögliche Gedichtauswahl aus Anthologien:
Folgende Gedichte eignen sich für diesen Zweck:

Sarah Kirsch

Meine Worte gehorchen mir nicht

(Aus: Dies.: Werke in 5 Bänden. Band 1: Gedichte. © 1999 Deutsche Verlags-Anstalt, Stuttgart)

Meine Worte gehorchen mir nicht
Kaum hör ich sie wieder mein Himmel
Dehnt sich will deinen erreichen
Bald wird er zerspringen ich atme
Schon kleine Züge mein Herzschlag
Ist siebenfach geworden schickt unaufhörlich
Und kaum verschlüsselte Botschaften aus

Ernst Jandl

ein gedanken

(Aus: Ders.: Poetische Werke. Hg. v. Klaus Siblewski. © Luchterhand Literaturverlag, München 1997)

es mich frösteln
und meine hände zittern
und in mein ohren klingen
und in mein kopf gehn rund
ein einzigen gedanken
den ich nicht können sagen
auch nicht schreiben
und er sein da
und sein mein feind

Kurt Schwitters

DIE ZUTE TUTE

(Aus: Ders.: Zeitgenossen aller Zeiten. Hrsg. v. Rosemarie Wildermuth, Ellermann Verlag, München 1981, S. 239)

En as hja yn de poede seach,
Dan wieren d'r reade kjessen yn.
Und als sie in die Tüte sah,
Da waren rote Kirschen drin.
Dan makke hja de poede ticht,
Dan wier de poede ticht.
Da war die TUTE zu.

Gottfried Benn

EIN WORT

(Aus: Ders.: Statische Gedichte. © 1948, 2000 by Arche Verlag, Zürich/Hamburg)

Ein Wort, ein Satz –: aus Chiffren steigen
erkanntes Leben, jäher Sinn,
die Sonne steht, die Sphären schweigen
und alles ballt sich zu ihm hin.

Ein Wort – ein Glanz, ein Flug, ein Feuer,
Ein Flammenwurf, ein Sternenstrich –
und wieder Dunkel, ungeheuer,
Im leeren Raum um Welt und Ich.

Paul Celan

SPRACHGITTER

(Aus: Ders.: Sprachgitter. © S. Fischer Verlag, Frankfurt/Main, 1959)

Augenrund zwischen den Stäben.
Flimmertier Lid
rudert nach oben,
gibt einen Blick frei.

Iris, Schwimmerin, traumlos und trüb:
der Himmel, herzgrau, muss nah sein.

Schräg, in der eisernen Tülle,
der blakende Span.
Am Lichtsinn
errätst du die Seele.

(Wär ich wie du. Wärst du wie ich.
Standen wir nicht
unter *einem* Passat?
Wir sind Fremde.)

Die Fliesen. Darauf,
dicht beieinander, die beiden
herzgrauen Lachen:
zwei
Mund voll Schweigen.

ZUSATZAUFGABEN

Zum Abschluss der Beschäftigung mit der Sprachkrise um 1900 werden zwei alternative Vorgehensweisen vorgeschlagen, sich mit dem Thema Sprachkrise auseinanderzusetzen (Spiel, Fotografieprojekt).

Ein sprachphilosophisches Spiel

SPIELFELD (zum vergrößerten Kopieren):

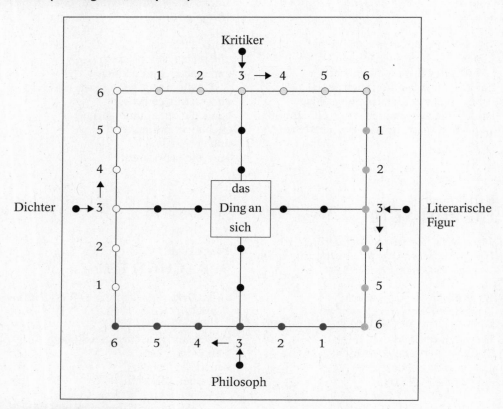

SPIELVORBEREITUNG:
Sie benötigen vier Spielfiguren, einen Würfel, ein Spielfeld und 24 Gedankenkärtchen, die Sie durch Kopieren und Auseinanderschneiden der Kärtchen (LB ▶ S. 37 f.) erhalten.

SPIELERROLLE:
Die einzelnen Spieler übernehmen im Spiel die Rolle eines Dichters, eines Philosophen, einer literarischen Figur oder eines Kritikers. Jeder erhält die passenden sechs Gedankenkärtchen und startet vom jeweiligen Punkt der Figuren aus.

ZIEL DES SPIELS: Erreichen des Zentrums („das Ding an sich").
Sie erreichen das Ziel, indem Sie durch Würfeln drei Runden auf dem Quadrat absolvieren, wobei Sie
- in der ersten Runde die Aussage des Kärtchens, das zu dem Feld gehört, das Sie erreicht haben, mit eigenen Worten erklären;
- in der zweiten Runde die Aussage des Kärtchens, das zu diesem Feld gehört, mit einem Beispiel erklären;
- in der dritten Runde eine Überlegung anstellen, ob/inwieweit die Aussage auch für unsere Zeit Gültigkeit beanspruchen kann.

Die Aufgabe ist gelöst, wenn die Mehrheit der Mitspieler Ihre Erklärung für angemessen hält. Gewonnen hat, wer mit seiner Spielfigur als erster das Feld „das Ding an sich" nach der dritten Runde erreicht.

GEDANKENKÄRTCHEN

Hugo v. Hofmannsthal

Der Dichter

(Aus: Hugo von Hofmannsthal [Hrsg.: Herbert Steiner]: Eine Monografie. „Friedrich Mitterwurzer" von Eugen Guglia. Prosa 1, Fischer Verlag, Frankfurt/M. 1950, S. 265 ff.)

Der Dichter

1. Leute sind es nämlich müde, reden zu hören. Sie haben einen tiefen Ekel vor den Worten: Denn die Worte haben sich vor die Dinge gestellt.

Der Dichter

2. Die unendlich komplexen Lügen der Zeit, die dumpfen Lügen der Tradition, die Lügen der Ämter, die Lügen der Einzelnen, die Lügen der Wissenschaften, das alles sitzt wie Myriaden tödlicher Fliegen auf unserem Leben. Wir sind im Besitz eines entsetzlichen Verfahrens, das Denken völlig unter den Begriffen zu ersticken.

Der Dichter

3. Es ist beinahe niemand mehr imstande, sich Rechenschaft zu geben, was er versteht und was er nicht versteht zu sagen, was er spürt und was er nicht spürt. So ist eine verzweifelte Liebe zu allen Künsten erwacht, die schweigend ausgeübt werden: die Musik, das Tanzen und alle Künste der Akrobaten und Gaukler.

Der Dichter

4. Alle anständigen Menschen haben von vornherein einen Widerwillen gegen einen, der gewandt redet. Das „gut Ausgedrückte" erregt spontan den Verdacht, nicht empfunden zu sein.

Der Dichter

5. Mit [...] dem stumpfen Hass gegen die Worte entstand auch der große Ekel vor den Gesinnungen. Denn die Gesinnungen der Leute sind nichts als ein gespenstischer Zusammenhang von ungefühlten Worten.

Der Dichter

6. ... für gewöhnlich stehen nicht die Worte in der Gewalt der Menschen, sondern die Menschen in der Gewalt der Worte.

Fritz Mauthner
Der Kritiker

(Aus: Ders.: Beiträge zu einer Kritik der Sprache, Band 1 und 3, Leipzig 1923)

Der Kritiker

1. Worte sind eingesalzene Heringe, konservierte alte Ware. [...] Und wenn man mag, so darf man das Denken mit der Heringslake vergleichen, die das konservierte Zeug umso reicher umspült, je weniger Ware im Umfang und Begriff der großen Tonne noch vorhanden ist.

Der Kritiker

2. Die ältere Medizin, die noch nichts von den Wirkungen der ausgeatmeten Kohlensäure wusste, schrieb die Schädlichkeit des Menschengedränges einem Gifte zu, dem Anthropotoxin. Das wahre Anthropotoxin oder Menschengift ist das Sprechen.

Der Kritiker

3. Die Kultursprachen sind heruntergekommen wie Knochen von Märtyrern, aus denen man Würfel gefertigt hat zum Spielen.

Der Kritiker

4. Kinder und Dichter, Salondamen und Philosophieprofessoren spielen mit den Sprachen, die wie alte Dirnen unfähig geworden sind zur Lust wie zum Widerstand.

Der Kritiker

5. Der Sprachgebrauch ist unser Tyrann, er beherrscht aber nicht nur die Laute, die unsere Sprechwerkzeuge von sich geben, er beherrscht ebenso das, was wir unser Denken zu nennen pflegen.

Der Kritiker

6. Es gibt nicht zwei Menschen, die die gleiche Sprache reden.

Friedrich Nietzsche
Der Philosoph

(Aus: Ders. [Hrsg.: Giorgio Colli und Mazzi-
no Montinari]: Über Wahrheit und Lüge im
außermoralischen Sinne. Kritische Studien-
ausgabe. dtv, München 1988, S. 875–890)

Der Philosoph

1. Der Intellekt als Mittel zur Erhaltung des Individuums entfaltet seine Hauptkräfte in der Verstellung.

Der Philosoph

2. Denn diese (= die Verstellung) ist das Mittel, durch das die schwächeren, weniger robusten Individuen sich erhalten, als welchen einen Kampf um die Existenz mit Hörnern oder scharfem Raubtier-Gebiss zu führen versagt ist.

Der Philosoph

3. Im Menschen kommt diese Verstellungskunst auf ihren Gipfel: Hier ist die Täuschung, da Schmeicheln, Lügen und Trügen, das Hinter-dem-Rücken-Reden, das Repräsentieren, das im erborgten Glanze Leben, das Maskiert-Sein […], kurz das fortwährende Herumflattern um die *eine* Flamme Eitelkeit so sehr die Regel und das Gesetz, dass fast nichts unbegreiflicher ist, als wie unter den Menschen ein ehrlicher und reiner Trieb zur Wahrheit aufkommen konnte.

Der Philosoph

4. Sie (= die Menschen) sind tiefer eingetaucht in Illusionen und Traumbilder, ihr Auge gleitet nur auf der Oberfläche der Dinge herum.

Der Philosoph

5. Wenn ich die Definition eines Säugetieres mache und dann erkläre nach Besichtigung eines Kamels: „Siehe ein Säugetier", so wird damit eine Wahrheit zwar ans Licht gebracht, aber sie ist von begrenztem Werte, ich meine, sie ist durch und durch anthropomorphisch und enthält keinen einzigen Punkt, der „wahr an sich", wirklich und allgemein gültig […] wäre.

Der Philosoph

6. Was weiß der Mensch eigentlich von sich selbst!

Arthur Schnitzler

Die literarische Figur

(Figuren aus: Arthur Schnitzler: Das Wort.
Aus: Ders.: Das dramatische Werk. Band 9,
Fischer Verlag, Frankfurt/M. 1999)

Die literarische Figur

1. Es gibt keine neuen Wahrheiten [...] Es gibt immer nur alte Lügen, die das Leben für Augenblicke zu Wahrheiten wandeln.

Die literarische Figur

2. Kann man einen Menschen mit Worten retten?

Die literarische Figur

3. T: Worte sind nichts.
   W: Worte sind alles. Wir haben ja nichts andres.

Die literarische Figur

4. T: Du nimmst alles so wörtlich, so furchtbar wörtlich.
   W: Allerdings. Anders kann man sich halt schwer verständigen.
   T: Kommt's grad auf das Verständigen an?

Die literarische Figur

5. F: Was verstehen Sie unter Welt, gnädige Frau?
   G: Unter Welt verstehen junge Frauen meist eine höchst romantische Gegend, wo es Geheimnisse gibt, Verwirrungen, Leidenschaften ...

Die literarische Figur

6. Frauen sind Heilige und Dirnen zugleich. Für den einen dies, für den andern jenes, für manchen beides zugleich. Lüge – Wahrheit, im Erotischen nur Begriffe und Worte, die wir blöden Männer erfunden haben. Die Weiber plappern sie uns nach, wie sie irgendeine fremde Sprache nachplappern, ohne sie zu verstehen. Frauen lügen nie, nur Männer, denn sie wissen, was Wahrheit ist.

Fotografieprojekt

Arthur Schnitzler erzählt in seiner Geschichte „Ich" (LB ▶ S. 41 ff.) von einem unauffälligen Mann. Er lebt glücklich und zufrieden mit seiner Gattin und zwei wohlgeratenen Kindern und arbeitet als Abteilungsleiter in einem Warenhaus. Die Arbeit ist weder besonders anstrengend noch verlangt sie ihm ein Übermaß an Verantwortung ab. Arbeit, Privatleben und Freizeit verlaufen in geregelten, ritualisierten Bahnen. Sonntags macht er gern kleine Ausflüge.

Arthur Schnitzler

Ich

(Aus: Ders.: Ich. Novellette. In: Heinrich Schnitzler u. a. [Hrsg.]: Arthur Schnitzler: Sein Leben. Sein Werk. Seine Zeit. S. Fischer Verlag, Frankfurt/M. 1981, S. 345–347)

Am nächsten Morgen begab er sich, wie es seine Sonntagsgewohnheit war, auf einen kleinen Ausflug, fuhr mit der Straßenbahn nach Sievering, wanderte auf den Dreimark-
5 stein, wo er einem guten Bekannten begegnete, mit ihm stehen blieb und über das schöne Wetter plauderte, dann spazierte er allein hinab nach Neuwaldegg. Er überschritt eine kleine Brücke, wie er es schon hundertmal
10 vorher getan, die weite große Wiese mit prächtigen Baumgruppen lag vor ihm, die er weiß Gott wie oft gesehen, und sein Blick fiel von ungefähr auf eine roh hölzerne Tafel, die an einen Baum genagelt war und auf der mit
15 großen schwarzen Buchstaben, wie von Kinderhand geschrieben, das Wort „Park" zu lesen stand. Er erinnerte sich nicht, diese Tafel jemals früher gesehen zu haben. Sie fiel ihm auf, aber er dachte gleich: dass sie immer da
20 gewesen war, man sah es ihr an, dass es eine ganz alte Tafel war: Ja natürlich, dies war ein Park, niemand konnte daran zweifeln, der Schwarzenbergpark war es, Privatbesitz des böhmischen Fürstengeschlechts, aber dem
25 Publikum seit Jahrzehnten freigegeben. Doch da stand nicht Schwarzenbergpark oder Privatbesitz, sondern komischerweise einfach: Park. Man sah doch, dass es ein Park war, niemand konnte daran zweifeln. Er
30 unterschied sich nicht sonderlich von der Umgebung, er war nicht abgeschlossen, es gab kein Entree, er stand nicht unter besonderen Gesetzen, es war Wald und Wiese und Wege und Bänke, jedenfalls war es ziemlich über-
35 flüssig, dass da eine Tafel hing, auf der das Wort „Park" geschrieben stand.

Immerhin musste es seinen Grund haben. Vielleicht gab es Leute, die nicht so sicher waren wie er, dass das ein Park war. Vielleicht
40 hielten sie es für ganz gewöhnlichen Wald [an der] Wiese, wie den Wald und die Wiesen, von denen er eben herunterkam. Denen musste man es freilich in Erinnerung bringen, dass dies ein Park war. Ein schöner Park übrigens,
45 herrlich – vielleicht gab es Leute, die es für ein Paradies gehalten hätten, wenn die Tafel dort nicht gehangen wäre. Haha, ein Paradies. Und da hätte vielleicht einer sich danach benommen – seine Kleider abgeworfen und
50 öffentliches Ärgernis erregt. Wie sollte ich [denn] wissen, sagte er auf der Polizei, dass es nur ein Park war und nicht das Paradies. Nun konnte das nicht mehr passieren. Es war höchst vernünftig gewesen, die Tafel dorthin
55 zu hängen. Er begegnete einem Paar, einem nicht mehr sehr jungen, wohlbeleibten Paar, und er lachte so laut, dass sie erschraken und ihn groß ansahen.
Es war noch nicht spät, er setzte sich auf eine
60 Bank. Ja, es war ganz sicher eine, obzwar nicht darauf geschrieben stand, dass es eine Bank war, und der Teich drüben, der wohl bekannte, war ganz bestimmt ein Teich – oder ein Weiher – oder ein kleiner See oder ein
65 Meer, ja, es kam nur darauf an, wie man ihn ansah, für eine Eintagsfliege war es wahrscheinlich ein Meer. Für solche Eintagsfliegen sollte man auch eine Tafel hinhängen: Teich. Aber für die Eintagsfliegen war es ja eben kein
70 Teich, und nebstbei konnten sie nicht lesen. Nun, wer weiß, dachte er weiter, wir wissen verdammt wenig von den Eintagsfliegen. Da schwirrte eine um ihn. Mittag war es – die war just einen halben Tag alt, vielmehr fünfzig Jah-
75 re … im Verhältnis, denn am Abend war sie ja tot. Vielleicht feierte sie soeben ihren fünfzigsten Geburtstag. Und die andern kleinen Fliegen, die um sie schwirrten, die waren Gratulanten. Ein Geburtstagsfest, dem er bei-
80 wohnte. Es war ihm, als säße er sehr lange da,

und er blickte auf die Uhr. Er war nur drei Minuten dagesessen, ja, dies war bestimmt eine Uhr, wenn auch auf dem Deckel nicht eingegraben stand, dass sie eine war. Aber es
85 konnte ja auch sein, dass er träumte. Dann war das keine Uhr, dann lag er im Bett und schlief und auch die Eintagsfliege war nur ein Traum.

Zwei junge Burschen gingen vorüber. Lachten
90 sie über ihn? Über seine dummen Einfälle? Aber die wussten ja nichts davon. So sicher war das freilich nicht. Es gab ja Gedankenleser. Sehr möglich, dass dieser Junge mit der Hornbrille ganz genau wusste, was in ihm vor-
95 ging und darüber lachte. Die Frage war nur, ob er Grund dazu hatte, dieser Jüngling mit der Hornbrille? Denn es wäre ja möglich, dass dies Ganze wirklich ein Traum war, dann träumte er auch das Lachen dieses Andern.
100 Mit einem plötzlichen Entschluss trat er sich selbst mit einem Fuß auf den andern, und zum Überfluss fasste er sich an der Nase. Er spürte alles ganz genau. Und das wollte er als Beweis für sein Wachsein gelten lassen. Kein sehr
105 zwingender freilich, denn am Ende konnte er auch den Fußtritt und den Griff an die Nase träumen. Aber er wollte sich für diesmal zufriedengeben.

Er machte sich auf den Heimweg, um eins er-
110 wartete ihn das Mittagessen. Er fühlte sich sonderbar leicht, er lief geradezu, er schwebte, nicht nur figürlich. Es kam immer ein Bruchteil einer Sekunde, in der keiner seiner Füße den Boden berührte.
115 Er nahm die Straßenbahn. Die flog noch rascher als er; geheimnisvoll diese elektrische Kraft. Es war halb zwei. Nun feierte die Eintagsfliege ihren fünfundfünfzigsten Geburtstag. Die Häuser rasten an ihm vorbei. So, nun
120 musste er umsteigen. Er wusste genau, dass er hier umsteigen musste. Sonderbar, das alles zu wissen. Wie wenn er vergessen hätte, dass er in der Andreasgasse wohnte? Andreasgasse vierzehn, zweiter Stock, Tür zwölf. Bestimmt.
125 Was alles in einem Gehirne Raum hat. Er wusste auch, dass er morgen acht Uhr früh im Geschäfte sein wollte. Er sah es vor sich, er sah die Krawatten, sah jedes Muster. Hier war die blau-rot gestreifte, hier die gesprenkelte, hier
130 die mit dem gelblichen Ton. Er sah sie alle und er sah auch die Aufschrift über dem Fach, da stand: Halsbinden, obwohl doch jeder wusste, dass es Halsbinden waren. Ganz klug, dass dort an einem Baum die Tafel: „Park" hing.

Nicht alle Menschen waren so geistesgegen-135 wärtig und scharfsinnig wie er, dass sie ohneweiters wussten, dies ist ein Park, und dies ist eine Halsbinde.

Er stand vor seiner Wohnungstür. Er hatte weder bemerkt, dass er die Straßenbahn ver-140 lassen, noch dass er durch seine Gasse gegangen, noch dass er durch das Haustor getreten, noch dass er die Treppe hinaufgegangen war. Möglich, dass er heraufgeflogen war. Man setzte sich zu Tisch. Dies war der Suppentopf, 145 dies waren die Suppenteller, Löffel, Gabel, Messer. Er wusste es von allen ganz genau. Für ihn musste man keine Bezeichnungen hinschreiben. Er betrachtete alle Gegenstände sehr sorgfältig. Es stimmte. Und er erzählte 150 von der Eintagsfliege, die eben ihren Geburtstag feierte. Sie hatte große Assemblé. Das Wort flatterte durch die Luft. Niemals in seinem Leben hatte er dieses Wort ausgesprochen. Wo kam es her? Wo ging es wieder hin? 155 Nachmittags konnte er nicht schlafen. Er lag auf dem Diwan im Speisezimmer, niemand war bei ihm. Er nahm sein Notizbuch. Es war bestimmt sein Notizbuch und weder seine Brief- noch seine Zigarrentasche, und schrieb 160 auf ein Blatt „Kredenz", auf ein anderes „Schrank", auf ein anderes „Bett", auf ein anderes „Sessel". Das musste er einige Male schreiben. Dann befestigte er diese Blätter an die Kredenz, an den Schrank, schlich sich 165 ins Schlafzimmer, wo seine Frau ihren Nachmittagsschlummer hielt, und mit einer Stecknadel befestigte er das Blättchen „Bett". Er ging weg – ehe sie aus dem Mittagsschlaf erwacht war. Dann begab er sich in das 170 Kaffeehaus und las Zeitung, vielmehr, er versuchte es nur. All das Gedruckte, das er vor sich sah, erschien ihm verwirrend und beruhigend zugleich. Hier standen Namen, Bezeichnungen, über die ein Zweifel nicht bestehen 175 konnte. Aber die Dinge, auf die sich diese Namen bezogen, waren weit. Es war ganz sonderbar zu denken, dass eine Beziehung existierte zwischen irgendeinem Wort, das da gedruckt war, z.B.: Theater in der Josefstadt, 180 und dem Haus, das ganz woanders in einer anderen Straße stand. Er las die Namen der Darsteller. Zum Beispiel Dubonet, Advokat – Herr Mayer. Diesen Herrn Dubonet, das war das Allerseltsamste, den gab es gar nicht. Den 185 hatte irgendwer erfunden, aber hier stand sein Name gedruckt. Der Herr Mayer aber, der den Dubonet spielte, der existierte wirklich. Es

konnte sein, dass er diesem Herrn Mayer
schon oft auf der Straße begegnet war, ohne
nur zu ahnen, dass es gerade Herr Mayer war.
Er trug ja keine Aufschrift, wenn er auf der
Straße spazieren ging. Und täglich begegnete
er so Hunderten Menschen, von denen er
nicht im Entferntesten ahnte, woher sie
kamen, wohin sie gingen, wie sie hießen, es
konnte sein, dass einer von ihnen, kaum um
die Ecke, vom Schlag getroffen tot zusammen-
stürzte. Am nächsten Tag stand es wohl auch
in der Zeitung, dass Herr Müller, oder wie er
hieß, tot zusammengestürzt sei; er aber, Herr
Huber, würde keine Ahnung haben, dass er
ihm noch fünf Minuten vor seinem Tode begegnet war. Erdbeben in San Franzisko. Das
steht auch hier in der Zeitung. Aber außer
diesem Erdbeben, das hier in der Zeitung
stand, gab es doch noch ein ganz anderes, das
wirkliche. Dann fiel sein Blick auf Inserate,
Ankündigungen. Es gab Geschäfte, die ihm
bekannt waren. Bei diesem oder jenem Inserat
stieg zu gleicher Zeit ein Gebäude vor ihm auf,
in dem er jenes Geschäft wusste oder ver-
mutete. Andere aber blieben tot. Er sah nichts
als die gedruckten Buchstaben.
Er blickte auf. In der Kassa saß das Fräulein
Magdalene. Ja, so hieß sie. Es war ein etwas
außergewöhnlicher Name für eine Kaffee-
hauskassierin. Er hörte nur immer den Namen
von den Kellnern ausgesprochen. Er selbst
hatte nie das Wort an sie gerichtet. Da saß sie,
etwas dick, nicht mehr ganz jung, immerfort
beschäftigt. Niemals hatte er sich um sie im
Geringsten gekümmert. Jetzt plötzlich, nur
weil er sie zufällig angesehen, trat sie aus all
den andern hervor. Das Kaffeehaus war ziemlich gefüllt, mindestens sechzig, achtzig, vielleicht hundert Menschen waren da. Höchs-
tens von zweien oder dreien kannte er den
Namen. Unbegreiflich, dass diese gleichgültige
Kassierin plötzlich die wichtigste Person war.
Einfach dadurch, dass er sie ansah. Von allen
andern wusste er gar nichts, alle waren sie
Schatten. Auch seine Frau, seine Kinder, alle
waren sie geradezu nichts im Verhältnis zu
Fräulein Magdalene. Die Frage war jetzt nur,
was für einen Zettel man ihr ankleben sollte.
Magdalene? Fräulein Magdalene? Oder Sitz-
kassierin? Jedenfalls war es unmöglich, dieses
Café zu verlassen, ehe er sie richtig bezeichnet. Es war beruhigend zu wissen, dass
draußen auf einer Tafel das Wort „Park" geschrieben stand. Die ganze Landschaft, durch
die er heute gewandert, verschwand wie hinter einem Vorhang. Sie existierte nicht mehr.
Er atmete auf, wenn er an die hölzerne Tafel
dachte. „Park".
Indes hatte er seinen schwarzen Kaffee aus-
getrunken, der Kellner räumte die Tasse mit
Schale und Glas fort, die weiße Marmorplatte
lag nackt vor ihm. Unwillkürlich nahm er
seinen Bleistift und schrieb mit großen Buchstaben auf die Platte: „Tisch". Auch das er-
leichterte ihn ein wenig. Aber wie viel gab es
noch zu tun?

ARBEITSANREGUNGEN

Die Schülerinnen und Schüler sollten in Vierergruppen
- diskutieren, warum „ein völlig normaler Mensch" (Erzählanfang) durch sprachphilosophische Überlegungen so gefährdet wird;
- erörtern, ob die Hauptfigur wirklich „normal" ist/bleibt/wird;
- einen passenden Erzählschluss konzipieren;
- die Erzählung einschließlich des selbst erdachten Endes als Fotogeschichte (ca. 30 Fotos mit
  Bildunterschriften) präsentieren.

Möglich ist es auch, auf der Grundlage des Textes einen Comic zu verfertigen.

---

3 „Verlorene Worte – lebende Bilder": Jahrhundert- und Medienwende

▶ S. 45

3.1 Synthese und Synästhesie: Auswege aus der Sprachkrise

ZU DEN ARBEITSANREGUNGEN

▶ S. 46 **1. Beispiele für die Zusammenarbeit verschiedener Künstler:**
Literatur und Kunst: Günter Grass' Illustrationen seiner Romane (z. B. „Der Butt", „Die Rättin")
Theater und Musik: Zusammenarbeit von Robert Wilson und Tom Waits (u. a. „Woyzeck")
Film und Kunst: Zusammenarbeit von Ridley Scott und H. R. Giger („Alien")
Film und Musik, Musicals: Zusammenarbeit von Baz Luhrmann und Christina Aquilera (in „Moulin Rouge",
außerdem z. B.: „Hair", „The Rocky Horror Picture Show", „A Chorus Line")
Film und Mode: Zusammenarbeit von Luc Besson und Jean Paul Gaultier („Das fünfte Element")
In **Werbung** und **Videoclip** ist die synästhetische Kongruenz von Bild, Schnitt und Musikrhythmus heute so
selbstverständlich, dass kaum noch auffällt, wie literarischer Text, bildende Kunst und Musik gleichberech-
tigt zusammenwirken. Musikerinnen und Musiker wie Madonna und Michael Jackson arbeiten für ihre
CD-Cover und Videoclips eng mit Filmemachern (z. B. David Fincher) und mit Modemachern (z. B. Jean Paul
Gaultier) zusammen.

2. a) Das frühe Kino:
Das frühe Kino war vor allem ein Ort der Kompensation, der Unterhaltung und des Vergnügens für die unteren Bevölkerungsschichten. So spricht H. v. Hofmannsthal vom Arbeiter aus Industrievierteln, welcher der
Natur entfremdet (z. B. SB ▶ S. 46, Z. 17, 20) und abgestumpft sei (Z. 12), auf „Lebensessenz" verzichten
müsse (Z. 7 ff.) und in der städtischen Anonymität und in der Masse untergehe (Z. 14 ff., Z. 29 ff.).
Er flüchtet vor der Sprache, die Hofmannsthal als Machtinstrument der höheren Gesellschaft beschreibt, in
die Welt der stummen (Kino-)Bilder. Diese bedürften nicht der Worte und seien so auch von Ungebildeten
zu verstehen. Vgl. auch die Texte von Ulrich Rauscher (SB ▶ S. 50), Yvan Goll (SB ▶ S. 55, Z. 42 f.) und
Carlo Mierendorff (SB ▶ S. 56).

2. b) Wirkung von Wort und Bild:
Die Wirkungskraft, die H. v. Hofmannsthal dem Wort abspricht, erhofft er sich von der Metapher, vom
(Kino-)Bild. Die Filmbilder (des Stummfilms) sind „stumm wie die Träume" und stehen so im Gegensatz zur
Sprache als „Werkzeug der Gesellschaft".
In seinem „Brief" von 1902 (vgl. SB ▶ S. 23 f.) beschreibt H. v. Hofmannsthal die Sprache als ein auf Nütz-
lichkeit ausgerichtetes Werkzeug, das als Gebrauchsmittel verschlissen sei und die Dinge nicht mehr zu
erfassen vermöge. Er unternimmt den Versuch, mit einer inneren, visuellen, mythisch-traumhaften Bilder-
sprache mit den Dingen in ästhetische Kommunikation zu treten. Wesentlich ist, dass diese Kommunikation
über das intensiv wahrnehmende Auge läuft, über die metaphorischen Bilder, die der Schreiber sich von
den betrachteten stummen Gegenständen macht.

Vergleichbare Aussagen zur Wirkung von Wort und Bild (SB ▶ S. 23 f.), z. B.:
● „... eine Sprache, in der auch die stummen Dinge zu mir sprechen ..." (Abschnitt 1, Z. 14 f.);
● „Diese stummen und manchmal unbelebten Kreaturen heben sich mir mit einer solchen Fülle, einer
solchen Gegenwart der Liebe entgegen, dass mein beglücktes Auge auch ringsum auf keinen toten Fleck
zu fallen vermag." (Abschnitt 6, Z. 7 ff.);
● „Es wurden mir auch im familiären und hausbackenen Gespräch alle die Urteile, die leichthin und mit
schlafwandlerischer Sicherheit abgegeben zu werden pflegen, so bedenklich, dass ich aufhören musste,
an solchen Gesprächen teilzunehmen." (Abschnitt 2, Z. 3 ff.);
● „... die abstrakten Worte, deren sich doch die Zunge naturgemäß bedienen muss, um irgendwelches
Urteil an den Tag zu geben, zerfielen mir im Munde wie modrige Pilze." (Abschnitt 7);
● „... unmöglich, ... jene Worte in den Mund zu nehmen, deren sich doch alle Menschen ohne Bedenken
geläufig zu bedienen pflegen." (Abschnitt 8, Z. 3);

- „Jeder dieser Gegenstände ... kann für mich ... ein erhabenes und rührendes Gepräge annehmen, das auszudrücken mir alle Worte zu arm scheinen." (Abschnitt 11, Z. 12);
- Relevanz der visuellen Wahrnehmung in der ästhetischen Kommunikation (Abschnitte 10 und 11).

2. c) Beispiel-Schaubild zu Bereichen und Funktionen von „Stummheit" und „Sprache": ▶ S. 46

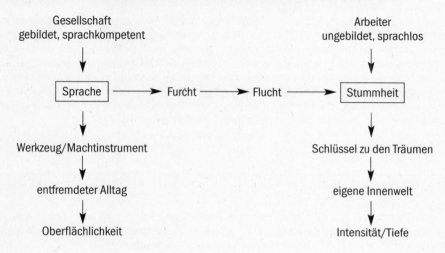

Die fehlende Sprachkompetenz der unteren Bevölkerungsschicht, die nicht bewusst gewählt wurde (wie in „Ein Brief"), sondern gesellschaftlich bedingt ist, birgt hier einen Vorteil. Wenn Sprache im hierarchischen gesellschaftlichen Kontext eher entfremdend und manipulierend genutzt wird, ermöglichen die Bilder ohne Ton den unmittelbaren Kontakt zu ureigenen unbewussten Bildern und Träumen, ohne die Notwendigkeit, das Kommunikationsmittel Sprache beherrschen zu müssen.

3.2 „Unwirkliche Wirklichkeit": Kinematografie ▶ S. 46

ZU DEN ARBEITSANREGUNGEN

1. Vergleich der Fotos und Ankündigungen: ▶ S. 49

Der Vergleich beider Filme bietet sich aufgrund des gemeinsamen Motivs „Zug" an (siehe Abbildungen). Schon in der Frühphase des Films kristallierten sich zwei grundsätzliche Tendenzen heraus, die bis heute wirksam sind: das **Prinzip der fantastischen Erfindung** und das der **realistischen Abbildung**.
Die Lumières filmten mit stillstehender Kamera Alltagsszenen, wie z. B. Arbeiter beim Verlassen der Fabrik oder eine Gartenszene, und verzichteten dabei auf jede Formung der Szenerie oder des Filmmaterials. Ihre Filme haben dokumentarischen Charakter, bilden Wirklichkeit „unverfälscht" ab. Die Filmankündigung ist entsprechend sachlich nüchtern.
George Méliès hingegen nutzte das neue Medium Film, um mit Hilfe aller Tricks, welche die neue Technik bot, Fantasiewelten entstehen zu lassen. Das Filmplakat zu „Le voyage dans la lune" zeigt dementsprechend einen anthropomorphisierten Mond, fliegende Figuren (vgl. auch die entsprechende Bühnenmechanik) und dekorative, dem Jugendstil entlehnte Elemente.

2. Stilpluralismus und Stiltendenzen des Films: ▶ S. 49

Unterschiedliche Ausrichtungen im Umgang mit Wirklichkeit und ihrer Darstellung, wie sie der frühe Film bei den Lumières und bei G. Méliès zeigt, lassen sich auch in den vielfältigen Stiltendenzen um 1900 aufzeigen: Realismus, Naturalismus, Impressionismus sind eher um die möglichst naturgetreue Abbildung der äußerlich sichtbaren Wirklichkeit bemüht; Symbolismus, Jugendstil, Fin de siècle, Dekadenz und Neuromantik hingegen um die Darstellung des Irrealen, Traumhaften, Rätselhaften, Unbewussten.

▶ S. 49 **3.** Bis heute sind die zwei Tendenzen der **inszenierten Künstlichkeit** einerseits und des **Puren/Dokumentarischen** andererseits im Kino wesentliche Genres: In der Darstellung des Irrealen geht es – wie schon bei G. Méliès – nicht nur um das Erzählen einer fantastischen Geschichte, sondern auch um den Einsatz ausgefeilter, Realität verfremdender Technik. Heute werden digitale Filmbilder nachträglich mit dem Computer bearbeitet oder ganze Filmfiguren entstehen als Computeranimation: z. B. „Tomb Raider", „Toy Story", „Jurassic Park", „Shrek", „Herr der Ringe".

Das dänische „Dogma-Kino" steht in krassem Widerspruch dazu. Hier wird so weit wie möglich auf alles verzichtet, was künstlich ist. Die Geschichte soll alltäglich, die Handlung improvisiert wirken. Die Darsteller sind Laienschauspieler, die technischen Gestaltungsmittel dürfen nicht sichtbar werden, geschweige denn selbstreflexiv auf die Medien Film oder Computer verweisen. Dokumentarischen Charakter haben aber auch Filme, die historische Ereignisse thematisieren oder eine fiktive Handlung in einer authentischen historischen Szenerie situieren (z. B. „Titanic", „Der Soldat James Ryan", „Schindlers Liste"). Fiktive Geschichten mit äußerst realitätsnahen, dokumentarischen Stilmitteln bieten experimentelle Filme, wie z. B. „Blair Witch Project", der nur aus scheinbar authentischem Videomaterial montiert ist.

ZU DEN ARBEITSANREGUNGEN

▶ S. 52 **1. Eindrücke zum Stummfilm:**
Stummfilme sind heute z. B. in *Programmkinos* zu sehen oder in TV-Kanälen wie *arte* oder den *„dritten"* *Programmen*. Vor allem komödiantische Stummfilme der frühen Stars in Spielfilmlänge (z. B. Stan Laurel und Oliver Hardy oder Charlie Chaplin) sind auf *Video* oder *DVD* erhältlich.

Die kurzen Streifen von wenigen Minuten Länge, auf die Ulrich Rauscher und Jakob van Hoddis anspielen, bekommt man heute eher selten zu sehen. Aber ihre einfachen Handlungen, in denen schicksalhafte Ereignisse um Liebe, Macht und Tod thematisiert werden, liegen als Plots auch den genannten größeren Produktionen zugrunde.

2. Untersuchung anhand von Texten und Filmankündigungen:
Entwicklung: Anhand der Texte und Filmankündigungen ist das sukzessive Bemühen um eine Angleichung des Films und des Kinos an Theater- und Kunststandards zu beobachten: von der Schaubude zum professionell geleiteten Kino(theater). Das Publikum entwickelt sich dabei vom ungebildet-proletarischen Massenpublikum mit einfachen Bedürfnissen zum exklusiven, literarisch gebildeten Zuschauer mit Kunstanspruch.
Inhalte: „harmlose Films" (U. Rauscher, SB ▶ S. 50, S. Z. 5), melodramatische, einfach konstruierte und linear erzählte Geschichten mit überschaubarem Figurenpersonal und plakativen Themen um Liebe, Eifersucht, Macht, Kampf und Tod (z. B. „Der galante Gardist"; J. van Hoddis: „Familiendrama", Revolverhelden, exotische Szenen und Heimatfilm).
Formen und Technik: Zelt mit Stehplätzen und einfacher Leinwand mit unscharfen, flimmernden Bildern (Heinrich Ohr, SB ▶ S. 51), Panoptikum mit dem neuen Medium Film als einer von vielen unterhaltsamen Attraktionen (Ankündigung S. 51), Kintopp mit Erklärer (Rauscher, S. 50, erstes Kino, S. 49), Kino im großen Theatersaal mit Kunstanspruch, „erstklassigem" Programm mit berühmten Schauspielern und Musikern; Technik auf dem modernsten Stand (und nicht mehr als störend wahrnehmbar, vgl. Ankündigung, S. 52).

3. a) Glosse über einen Kinobesuch heute:
Anregungen: In der Glosse sollte nicht nur der gezeigte Film im Mittelpunkt stehen, sondern der Kinobesuch als Gesamterlebnis mit vielen Ritualen, z. B. das Kino als Ort:
- der Erlebnissuche (Film als Leben in intensivierter Form: Glück, Angst, Triumph, Kampf, Tod etc.) oder Lösungssuche (für Grundprobleme des Lebens: Liebe, Eifersucht, Macht, Sehnsucht, Verrat etc.);
- der Versenkung/Konzentration auf eine Sache (Dunkelheit, Sitz- und Blickausrichtung, Ruhe etc.);
- des Gemeinschaftserlebnisses (Lachen, Weinen, Schreien, Störer, Rascheln etc.);
- der Rituale (Filmwahl, Kasse, Popcorn, Cola, Vorprogramm, Werbung mit Eis-Unterbrechung etc.);
- der Überlagerungen von Film und Alltag beim Verlassen des Kinos (Gefühl der Wandlung, langsames Weichen der Filmbilder, Orientierungsschwierigkeiten etc.).

4. Vergleich der früheren Filmankündigungen mit aktueller Kinowerbung: ▶ S. 52

Das frühe Kino war ein Ort mit vielerlei Attraktionen der leichten Unterhaltungskunst, z. B.: Film, „Live-Musik" (Orchester), Schauspielervorträge, Varietétheater.

Heutige Kinos sind immer noch „Großbetriebe der Unterhaltung"; sie präsentieren sich zwar als Vorführungsort, aber zurückhaltender. Im Vordergrund steht neben seiner technischen Darbietung (z. B. „Dolby surround") vor allem der Film, der den Raum Kino für sich allein beansprucht.

5. Funktion der Multiplex-Kinos:

Multiplex-Kinos sind Unterhaltungszentren und Lebensraum für Massen; sie bieten neben dem Film z. B. Shops für Filmsouvenirs, Cafés und Bistros sowie integrierte Spielhöllen. Zugleich versammeln sie mehrere Kinos in einem und bieten dem Kunden eine größere Auswahl an unterschiedlichen Filmen. In jedem einzelnen Kino wird dann auch im Vorprogramm für die jeweils anderen Filme geworben. Diese Vermarktungsstrategie ist wichtig, damit Geld in die Filmproduktion zurückfließen kann; ohne große Vermarktungsmaschinerie gäbe es keine großen Filmproduktionen.

6. Beliebtheit der „Stummfilmnächte":

So genannte „Stummfilmnächte" findet man vor allem im Angebot kleiner Programmkinos. Diese Kinos gestalten ihr Programm individuell aus meist älteren Filmen, welche ihr Geld bereits eingespielt haben und nun von den Kinos günstiger zu leihen sind. Sie ziehen kein Massenpublikum mehr an, sondern richten sich eher an „Kunstliebhaber". Der Wunsch nach dem „Echten", Originalen (z. B. Stummfilme mit Live-Musik und Erzähler) ist vielleicht besonders in einer Zeit der Reizüberflutung durch immer schnellere, buntere Filmbilder äußerst aufwändiger Produktionen zu verstehen.

3.3 „Illusionsmaschine", „Traumfabrik" und „Kulturschock": die Kinodebatte ▶ S. 53

ZU DEN ARBEITSANREGUNGEN

1. a) Befürchtungen der Kritiker: ▶ S. 54

Die Kritiker befürchten die sogartige und umfassende Wirkung des Kinos (C. Mierendorff, Kino = Leben, SB ▶ S. 53, Z. 6) auf die ungebildete Masse, die in seinen Bann geraten ist (G. Hauptmann, S. 53, Z. 15 f., C. Mierendorff: z. B. S. 53, Z. 20 ff.).

Ähnlich wie bei Hofmannsthal (vgl. S. 46) wird das Kinopublikum als proletarische Masse gesehen, die ohne Bildung und Sprachkompetenz ist (Carl Einstein (S. 53), C. Mierendorff (Z. 7 f.), A. Döblin (S. 54)).

Die Qualität der Filme wird auf eine Ebene mit der Schundliteratur gestellt; vor dem „verderblichen" Einfluss durch das Kino wird gewarnt (G. Hauptmann (Z. 11 ff.), A. Döblin (S. 54)).

1. b) Art der kritisierten Filme:

Die Kritik trifft die so genannten „Schundfilme" (G. Hauptmann: „minderwertig", SB ▶ S. 53, Z. 14; A. Döblin: „sehr blutige Kost ... ohne ... Moral", S. 54). Gemeint sind neben abendfüllenden, eher „kitschigen" Filmen mit voraussehbarem Verlauf wie „Der galante Gardist" (vgl. Ankündigung, S. 50) vor allem spektakuläre kurze Streifen mit einfachen Handlungen und einfachem Personal, in denen Schlägerei, Raub, Mord, Eifersucht im Vordergrund stehen. Das Gedicht von J. van Hoddis (SB ▶ S. 51) gibt den Eindruck des rasanten, unvermittelten Nacheinanders zusammenhangloser Filme von wenigen Minuten Dauer und ohne Plot wieder. Gänzlich handlungsfreie Kurzfilme erwähnt auch Heinrich Ohr („Tanzende Indianer", S. 51).

ZUSATZTEXTE

Alfred Döblin

Das Theater der kleinen Leute
(1909)

(Aus: Anton Kaes [Hrsg.]: Kino-Debatte. Deutscher Taschenbuch Verlag, München; Max Niemeyer Verlag, Tübingen 1978, S. 37f.)

Der kleine Mann, die kleine Frau kennen keine Literatur, keine Entwicklung, keine Richtung. Sie pendeln abends durch die Straßen, stehen schwatzend unter den Eisenbahn-
5 brücken, sehen sich einen gestürzten Gaul an; sie wollen gerührt, erregt, entsetzt sein; mit Gelächter losplatzen. Der stärkste Toback steht bereit. Es handelt sich um die Erreichung von Folterkammern, Seetieren, eventuell um
10 Beteiligung an Revolutionen. (…)
Nunmehr schwärmt er in die Kientopps. Im Norden, Süden, Osten, Westen der Stadt liegen sie; in verräucherten Stuben, Ställen, unbrauchbaren Läden, in großen Sälen, wei-
15 ten Theatern. Die feinsten geben die Möglichkeiten dieser Fotografentechnik zu genießen, die fabelhafte Naturtreue, optischen Täuschungen, dazu kleine Spaßdramen, Romane von Manzoni: sehr delikat. Oh diese Technik
20 ist sehr entwicklungsfähig, fast reif zur Kunst. – In den mittleren Theatern leuchtet schon der „Brand Roms", hetzen schon Verfolger Menschenwild über Dächer, Straßen, Bäume.
Erst die kaschemmenartigen im Norden
25 haben aber ihr besonderes Genre, sind weit über dem Niveau des bloß Künstlerischen. Grelle Lampen locken über die Straße; in ihrem Licht sieht man meterhohe bunte Plakate vor der Türe hängen, eine Riesenorgel
30 tobt; „Eine Mordtat ist geschehen." Den Korridor zum Saale füllen ausgestopfte Untiere hinter Glas, Vergnügungsautomaten. – Drin in dem stockdunklen, niedrigen Raum glänzt ein mannshohes Leinewandviereck
35 über ein Monstrum von Publikum, über eine Masse, welche dieses weiße Auge mit seinem stieren Blick zusammenbannt. In den Ecken drücken sich Pärchen und lassen entrückt mit den unzüchtigen Fingern voneinander. Phthi-
40 sische Kinder atmen flach und schütteln sich leise in ihrem Abendfieber; den übelriechenden Arbeitern treten die Augen fast aus den Höhlen; die Frauen mit den muffigen Kleidern, die bemalten Straßendirnen beugen sich
45 vornüber und vergessen, ihr Kopftuch hochzuziehen. Panem et circenses sieht man erfüllt: Das Vergnügen notwendig wie Brot; der Stierkampf ein Volksbedürfnis. Einfach wie die reflexartige Lust ist der auslösende Reiz:
50 Kriminalaffären mit einem Dutzend Leichen, grauenvolle Verbrecherjagden drängen einander; dann faustdicke Sentimentalitäten; der blinde sterbende Bettler und der Hund, der auf seinem Grabe verreckt; ein Stück mit dem
55 Titel: „Achtet die Armen" oder die „Krabbenfängerin"; Kriegsschiffe; beim Anblick des Kaisers, und der Armee kein Patriotismus; ein gehässiges Staunen.
Deutlich erhellt; der Kientopp ein vorzügliches Mittel gegen den Alkoholismus, schärf-
60 ste Konkurrenz der Sechserdestillen; man achte, ob die Lebercirrhose und die Geburten epileptischer Kinder nicht in den nächsten zehn Jahren zurückgehen. Man nehme dem Volk und der Jugend nicht die Schundliteratur
65 noch den Kientopp; sie brauchen die sehr blutige Kost ohne die breite Mehlpampe der volkstümlichen Literatur und die wässerigen Aufgüsse der Moral. Der Höhergebildete aber verläßt das Lokal, vor allem froh, daß das
70 Kinema – schweigt.

R

Kurt Tucholsky

Danach

(Aus: Ders.: Gesammelte Werke. © 1960 by Rowohlt Verlag. Reinbek b. Hamburg)

Es wird nach einem happy end
im Film jewöhnlich abjeblendt.
Man sieht bloß noch in ihre Lippen
den Helden seinen Schnurrbart stippen –
5   da hat sie nu den Schentelmen.
    Na, un denn –?

Donn jehn die beeden brav ins Bett.
Na ja … diss is ja auch janz nett.
    A manchmal möcht man doch jern wissn:
10   Wat tun se, wenn se sich nich kissn?
    Die könn ja doch nich imma penn …!
    Na, un denn –?

Denn säuselt im Kamin der Wind.
Denn kricht det junge Paar 'n Kind.
15   Denn kocht sie Milch. Die Milch looft üba.
    Denn macht er Krach. Denn weent sie drüba

Denn wolln sich beede jänzlich trenn …
    Na, un denn –?

Denn is det Kind nich uffn Damm.
Denn bleihm die beeden doch zesamm.   20
Denn quäln se sich noch manche Jahre.
Er will noch wat mit blonde Haare:
vorn doof und hinten minorenn …
    Na, un denn –?

Denn sind se alt.   25
    Der Sohn haut ab.
Der Olle macht nu ooch hold schlapp.
Vajessen Kuss und Schnurrbartzeit.
Ach, Menschenskind, wie liecht det weit!
Wie der noch scharf uff Muttern war,   30
det is schon beinah nich mehr wahr!
Der olle Mann denkt so zurück:
wat hat er nu von seinen Jlück?
Die Ehe war zum jrößten Teile
vabrühte Milch un Langeweile.   35
Und darum wird beim happy end
im Film jewöhnlich abjeblendt.

Filme für die Massen

ZU DEN ARBEITSANREGUNGEN

1. a) Gefährdete Aspekte der literarischen Kultur aus Sicht der Kritiker: ▶ S. 59
Grundtenor der Kritiken (SB ▶ S. 55–58) ist die Befürchtung, dass die etablierte literarische Kultur, Buch und Theater, durch das Kino verdrängt werden könnte. **Moritz Heimann** sorgt sich nicht nur um den Verlust der „Kunst", sondern auch um den der „Humanität", wenn die durch das Wort „gereinigte" Lebensrealität wieder unvermittelt dargestellt wird (S. 55, Z. 8 f.). **Y. Goll** sieht die „geistigen Dinge" (S. 55, Z. 16 ff.) im hektischen Großstadtleben untergehen. Den sensationellen Siegeszug der Unterhaltung über die Kunst ahnen z. B. **C. Mierendorff** (S. 56, Z. 16 f.) und **Thomas Mann** (S. 56, Z. 2 ff.), den des Bildes über das Wort **C. Mierendorff** (S. 53, Z. 25 ff.), **Kurt Pinthus** (S. 57, Z. 10 f.) und **J. A. Lux** (S. 58, Z. 4 f.). **Max Bruns** befürchtet die „ästhetisch verhängnisvolle" Verunstaltung des Romans durch seine Verfilmung, den Verlust der Ästhetik durch die filmische Gestaltungsweise (S. 57, Z. 7 ff., Z. 28 ff.). Im effektvollen Film fehle das dem Theater eigene Streben nach psychologischer Differenzierung (K. Pinthus, S. 57, Z. 6 ff.). Den Verlust von Authentizität (Einmaligkeit, Lebendigkeit, Gegenwart) befürchtet **Georg Lukács** (z. B. S. 58, Z. 28 ff.). **J. A. Lux** sieht das Ende der Literatur durch den Film, der diese ausnutze und „erstickt" (S. 58, Z. 5 ff.).

1. b) Aspekte, die das Kino und der frühe Stummfilm bieten:
● Analogie zum modernen Leben: z. B. Technik, Geschwindigkeit, Simultanität (Y. Goll; C. Mierendorff, SB ▶ S. 56, Z. 7 f.; Th. Mann, Z. 18 ff.)
● Authentizität (Th. Mann, Z. 1, Z. 14, Z. 29 f.)
● visuelle Realisierung innerer Bilder (Y. Goll, S. 55, Z. 42), Vermittlung durch Bilder (C. Mierendorff, S. 56, Z. 32 f.)
● Illusion („Leben und Wirklichkeit" … „besänftigt durch" … „das Bewusstsein des gestellten Schauspiels", Th. Mann, S. 56, Z. 18 ff.)
● Perfektion (G. Lukács, S. 58, Z. 7 ff.)

2. Gegenüberstellung verschiedener Medien:

	Gemeinsamkeiten	Unterschiede
Film und Theater	• dramatischer Aufbau (z. B. fünf Hand-lungseinheiten) • Visualisierung: Schauspieler, Kostüme, Mise-en-Scène, Location • Einsatz von Musik und Geräuschen • Theater-/Kinosaal • gesellschaftliches Ereignis	• Wiederholung vs. Einmaligkeit (vgl. z. B. G. Lukács, SB ▶ S. 58, Z. 1 ff., Z. 28 ff.) • Reproduktion vs. Originalität (vgl. z. B. G. Lukács, SB ▶ S. 58, Z. 1 ff., Z. 20 f.) • Film: größerer Einfluss auf die Massen (vgl. z. B. C. Mierendorff, SB ▶ S. 56, Z. 5 ff.)
Film und Buch	• epische Handlung (vgl. z. B. Th. Mann, SB ▶ S. 56, Z. 24 f.) • unbegrenzte Anzahl an Episoden, parallelen Strängen, Vor- und Rückblenden • unbegrenzter Wechsel an Schauplätzen • unbegrenzte Personenanzahl (vgl. z. B. Y. Goll, SB ▶ S. 55, Z. 44 ff.) • Versenkung/Konzentration auf die Sache	• vorgegebene Visualisierung auf der Lein-wand (vgl. z. B. M. Bruns, SB ▶ S. 57, Z. 24 f.) vs. individuelle Visualisierung vor dem geistigen Auge (vgl. z. B. Y. Goll, SB ▶ S. 55, Z. 42 f., M. Bruns, SB ▶ S. 57, Z. 26 ff.) • Musik und Geräusche (vgl. z. B. Th. Mann, SB ▶ S. 56, Z. 21 f.) • Film: größerer Einfluss auf die Massen (vgl. z. B. C. Mierendorff, SB ▶ S. 56, Z. 5 ff.)

▶ S. 59 ## 3. Anforderungen an Schriftsteller von Filmmanuskripten:

- Verzicht auf die gedankliche (sprachliche) Abstraktion zugunsten der Visualisierung. Zum Beispiel können innere Vorgänge nicht mehr an sich thematisiert werden, sondern sie müssen in sichtbare Handlung umgesetzt werden (Schauspieler, ihre Gestik, Mimik etc.). Auch seitenlange Exkurse über ungegenständliche Zusammenhänge (wie z. B. kulturwissenschaftliche Betrachtungen in Thomas Manns Roman „Der Zauberberg") lassen sich kaum in Bilder transformieren.
- Zwang zur Kürze (Filmbilder sind vielschichtig und können „schneller" erzählen als Text); Konzentration auf wesentliche Figuren und Handlungssträngen
- Denken in Bildern, die sich mit den technischen Mitteln der Kamera umsetzen lassen müssen (filmische Sprache)

4. Ansätze einer neuen Poetik:

Für die moderne Literatur, vor allem den Expressionismus, eröffnete der Film neue ästhetische Erfahrungen und neue Möglichkeiten des Erzählens. Der so genannte **„Kinostil"** entstand aus der Übernahme typischer filmischer Gestaltungsmittel in die Literatur. A. Döblin nennt „Kürze und Gedrängtheit" des Films als nachahmenswürdig (SB ▶ S. 55), Y. Goll die Aufhebung der Einheit von Zeit und Raum (SB ▶ S. 55, Z. 45 ff.) als neue Mittel des Dramas und die „Bewegung" als neue „Erfahrung" bzw. „Leid" der Dichtung (Z. 22 ff.). Die „Schockwirkung" der Großstadt deckt sich dabei mit der des Films.

Besonders Montage (Schnitttechnik und -schnelligkeit) und Simultantechnik fanden Einzug in die moderne Literatur.

Montage: assoziatives Aneinanderfügen verschiedener Wirklichkeitsebenen, z. B. räumlich und zeitlich unterschiedliche Situationen, die nicht in logischer Handlungsfolge verbunden sind, oder eingefügte unzusammenhängende Gedanken-, Satz-, Wortfragmente; Parataxe

Simultantechnik: Gleichzeitigkeit heterogener Situationen und Wahrnehmungen, z. B. in einen zeitlichen Ablauf eingefügte und diesen unterbrechende/überlagernde Texte (Werbung, Film, Zeitung); Synästhesie

Das expressionistische Theater adaptiert die Gestaltungsmittel des expressionistischen Films, z. B.: Stationendrama, stilisiertes Bühnenbild, Beleuchtung, Betonung von Mimik und Gestik.

(Literaturbeispiele: Alfred Döblin: „Berlin Alexanderplatz", John Dos Passos: „Manhattan Transfer", Kurt Pinthus: „Kinobuch", Georg Kaiser: „Von morgens bis mitternachts")

5. a) Kinokritik als Großstadtkritik:

Die Kinokritik ist zugleich Großstadtkritik: Kino und Großstadt sind beides Erscheinungen im Epochenumbruch um 1900, welche für die zunehmende Vermassung und Anonymisierung des Menschen sowie die zunehmende Beschleunigung und Fragmentarisierung stehen (vgl. Y. Goll, SB ▶ S. 55, Z. 1 ff., Z. 12 ff.).

5. b) Bedeutung von Status und Wahrnehmung des Großstädters: ▶ S. 59

Der Großstädter wird als idealer Kinobesucher angesehen, da seine Wahrnehmung durch Bewegung, Hektik, Simultanität, Licht und Lärm geprägt ist. Diese Wahrnehmungsform entspricht der, die auch dem neuen Medium Film zugesprochen wird (schnelle Bewegung, Montage: abrupter Wechsel von unterschiedlichen Bildausschnitten und Orten, Wechsel von Bild und Texttafel; vgl. Bruns, SB ▶ S.57, Z. 7 ff.). Gleichzeitig wird der sozial niedrig stehende Fabrikarbeiter und Bewohner anonymer Großstadtsiedlungen als idealer Konsument für die einfachen Inhalte des frühen Films betrachtet, die weder Bildung voraussetzen noch bieten (vgl. „Schundfilm": Aufgabe 1. b), SB ▶ S. 54).

6. a) „Umwälzung" und „Synthese":

„Umwälzung": Der fundamentale Umbruch um 1900 in sämtlichen gesellschaftlichen, kulturellen und technisch-naturwissenschaftlichen Bereichen des Lebens, der zu Orientierungsverlust in Zeit und Raum und zur fragmentierten Wahrnehmung führt.

„Synthese": Die Möglichkeit, die der Film als vielschichtiges Zeichensystem bietet, um die gegensätzlichen Erscheinungen des modernen Lebens zu vereinen. Er ist Bild, Bewegung und Text zugleich.

6. b) Referat über die Werke von Pablo Picasso und August Stramm:

P. Picasso: Die Kunst wird von der bisherigen Tradition der Nachahmung befreit: Autonomie von Form und Farbe (Absage an die Ästhetik, ausdrucksstarke Farbigkeit, Auflösung der Perspektive, Flächenhaftigkeit, Deformation, Abstraktion, Simultanität mehrerer Ansichten, Aufsplitterung der Perspektiven/Sichtweisen), der Mensch ist als Motiv nur Anlass, um innerbildliche Farb-Form-Beziehungen darzustellen; die Dinge werden in ihrer Urform/in ihren inneren Gesetzen erfasst.

A. Stramm: Auch die Literatur dient nicht mehr der Nachahmung und Idealisierung: Sprachexperimente (Auflösung der Form, Vertauschung der grammatischen Funktionen der Wortarten, unkonventionelle Syntax, Tilgung von Artikeln und Konjunktionen, Verknappung/Kontraktion, Zeilenstil, extreme Bildkontraste, disparate Einzelbilder, ungewöhnliche Chiffren, Betonung der sinnlichen, synästhetischen Wahrnehmung, Fragmentarisierung in Bild- und Wortbrocken), Verlust des Ich als Subjekt, Verlebendigung der Dinge bzw. Zustände und Erscheinungen, Darstellung des inneren Wesens der Dinge.

7. Wechselseitiger Einfluss von Literatur und Film:

Literarische Erzählformen ──────▶ *prägen* ────▶ *filmisches Erzählen* (z. B. Entwicklungsroman)
Filmische Gestaltungsmittel ──────▶ *prägen* ────▶ *Literatur* („Technifizierung der literarischen Produktion", Ralf Schnell, SB ▶ S. 58, Z. 32; „Montageästhetik, Simultantechnik und Synästhesie, Multiperspektivik und Stream of Consciousness, Auflösung von Linearität und Sukzession und Spiel mit Raum und Zeit", SB ▶ S. 58, Z. 43 ff.)

R. Schnell selbst nennt aktuelle Filme, in denen sich eine Übernahme literarischer Erzählformen nachweisen lässt. Dabei ist aber kritisch zu prüfen, ob die genannten Filme nicht ihrerseits mit Mitteln arbeiten, die ursprünglich aus der Filmtechnik stammen, aber dann in der Literatur große Wirkung erzielten (z. B. Simultanität, Montage, schnelle Schnitte). Zutreffend ist sicher, dass der Entwicklungsroman (oder auch der hier nicht genannte klassische Dramenaufbau) direkten Einfluss auf die Konstruktion filmischer Erzählung hatten.
Im aktuellen Roman und Erzählung sind „Kamerablick" und Montage inzwischen ebenso selbstverständliche Mittel literarischer Gestaltung geworden (z. B. Eingangsszene mit Zoom in Uwe Timms Roman „Rot") wie die Visualisierung (z. B. Lichteffekte als Gestaltungselement in Norman Ohlers Roman „Mitte").

8. Eine „Hitliste" erstellen:

Projektvorschlag: Hier könnten die Schülerinnen und Schüler auch eine Umfrage unter Jugendlichen unterschiedlichen Alters durchführen. Eine Unterscheidung zwischen Informations-, Kommunikations- und Unterhaltungsmedien ist sinnvoll; Möglichkeiten der Interaktivität sollten berücksichtigt werden.
Mögliche Medien: Computer (Spiele, CD-ROM, E-Mail, Chatroom, Newsgroup, Surfen etc.), Comic, Radio, CD-Player, Telefon, Fernsehen (unterschiedliche Programme und Formate), Schrift, Brief/Post, Zeitung, Zeitschrift, Fotografie, Video, Plakate (Werbung).

9. Kinolandschaft vor Ort untersuchen:

Projektvorschlag: Auch diese Arbeitsanregung ist als Projekt angelegt, in dem Recherche, Aufbereitung des Materials und Präsentation durch arbeitsteilige Gruppen sinnvoll sind.

▶ S. 60 # Auswege aus der Sinnkrise 1900

ZU DEN ARBEITSANREGUNGEN

▶ S. 61 **1. Gedanken des Textauszugs und des Briefs:**

Fortgeführte Gedanken: Erweiterung der Sprach- und Bildungskritik; Unbehagen an der Zeichenhaftigkeit der Sprache (Worte erfassen nur die Oberfläche der Dinge, dringen nicht in die Tiefe); Sprache als Machtinstrument der gehobenen Gesellschaft, der Gebildeten; Träume

Neue Gedanken: Film als mögliche Lösung der Sprachkrise; symbolische Filmbilder als Ersatz für die Sprache (sie erfassen die Tiefe der Seele und das Leben in seiner ganzen Fülle)

2. a) Eigenschaften des Wortes und des Stummfilms:

Eigenschaften des Wortes	Eigenschaften des Stummfilms
C. Mierendorff „… das Wort wird Schemen" (SB ▶ S. 56, Z. 29)	**J. A. Lux** ● Er illustriert. ● „Anschauung" (SB ▶ S. 58, Z. 2)
H. v. Hofmannsthal ● „Werkzeug der Gesellschaft" (S. 46, Z. 36); Machtinstrument (S. 60, Z. 9) ● Es ist „etwas Fremdes", Oberflächliches, „Algebra", „Verkürzung", „Ziffer", „indirekt", „unsinnlich" (S. 60, Z. 3 ff.). ● Es erreicht den „Wurzelgrund des Lebens" nicht (S. 61, Z. 51 f.).	**H. v. Hofmannsthal** ● „… starke Bilder, in denen sich Lebensessenz zusammenfasst" (S. 46, Z. 6 f.); „tausendfältiges Bild des Lebens" (S. 61, Z. 47 f.) ● das „Innere des Schauenden" (S. 46, Z. 6 f.), „Tiefe des Wesens" (S. 61, Z. 60) ● aus „Gebärden, Mienen und Blicken bricht die ganze Seele hervor" (S. 61, Z. 37 f.) ● „Symbol", „sinnliches Bild für geistige Wahrheit" (S. 61, Z. 61 f.) ● „Vision" (S. 61, Z. 75)
M. Heimann „… das Wort erlöst(e) menschliche Geschehnisse" (S. 55, Z. 3 f.)	**M. Heimann** „Tatsächlichkeit" (S. 55, Z. 6)
C. Mierendorff ● „Kunst" (S. 56, Z. 17) ● Es vermag „nicht in den Umschwung des Lebens einzugreifen" (S. 56, Z. 7 f.). ● „Diktionär der Akademie" (S. 56, Z. 9) ● „Makulatur" (S. 56, Z. 16) ● Es hat kein „Echo" (S. 56, Z. 16 f.).	**C. Mierendorff** „Unterhaltung" (S. 56, Z. 17)
	Th. Mann ● „Er erzählt in Bildern" (S. 56, Z. 24) ● „sinnliche Gegenwärtigkeit" (S. 56, Z. 25)
M. Bruns … lenkt die „Fantasie des Lesers in ästhetische Bahnen" (S. 57, Z. 29 ff.)	**M. Bruns** „fantasielähmende Deutlichkeit der Bilder" (S. 57, Z. 24)
H. H. Ewers „vages, nie voll ausschöpfendes Surrogat" (S. 60, Z. 15)	**H. H. Ewers** ● Er muss mehr können als das Wort/die Theaterbühne (S. 60, Z. 6). ● … kann „mehr sagen als das schönste Dichterwort", … lässt „ohne Worte die Seele sprechen" (S. 60, Z. 17 ff.)

b) Stummfilm als Lösung der Sprachkrise:

(s. Ausf. im LB ▶ S. 42 f. zu SB ▶ S. 46, Aufg. 2. b) und 2. c), LB ▶ S. 47 zu SB ▶ S. 59, Aufg. 1. b)

3. a) Pro- und Kontra-Argumente zum frühen Kino:

▶ S. 61

	Pro	Kontra
Gesellschaft	• Kompensationsmöglichkeit („Traumersatz") für die arbeitende Bevölkerung (z. B. H. v. Hofmannsthal, SB ▶ S. 46, Z. 3 f.) • Das Kino ist ein Ort für viele (das Theater einer für wenige). • Das Kino bietet „demokratische Massenunterhaltung" (Th. Mann, S. 56, Z. 11). • Unmittelbare Teilhabe der „Ungebildeten" am kulturellen Leben: „Die Menschen unserer Zeit" können zum „… geistigen Erbe in ein ganz unmittelbares … Verhältnis treten" (H. v. Hofmannsthal, S. 61, Z. 65 ff.).	• Das Kino ist ein primitiver Ort für die untere Bevölkerungsschicht (z. B. C. Mierendorff, SB ▶ S. 53), welchen „Höhergebildete" meiden (z. B. A. Döblin, S. 54, Z. 7 f.). • Minderwertige Filme können eine „verheerende" Wirkung auf die Masse haben (z. B. G. Hauptmann, S. 53, Z. 14 ff.).
Kultur	• Das Kino ist innovativ, die „Basis für alle neue kommende Kunst" (Y. Goll, S. 55, Z. 37 ff.), da es das moderne Lebensgefühl der Geschwindigkeit und Gleichzeitigkeit aufgreift. • Im Film lassen sich innere Bilder, Träume realisieren (z. B. H. v. Hofmannsthal, S. 46; Y. Goll, S. 55, Z. 42 ff.). • Der Film bildet Mythen (H. v. Hofmannsthal, S. 61, Z. 59). • Der Film „ist Leben und Wirklichkeit" mit „sensationeller Wirkung" (Th. Mann, S. 56, Z. 14 f.). • Der Film bietet die Möglichkeit, „vollendete Leistungen" für die Ewigkeit festzuhalten (G. Lukács, S. 58, Z. 16).	• Die Filme sind ohne geistigen Anspruch, vermitteln keine Bildung und tragen nicht zu ihr bei (z. B. C. Einstein, S. 53; G. Hauptmann, S. 53, Z. 14 f.). • Das Kino fördert die „Kultur des Schunds" (z. B. A. Döblin, S. 54, Z. 3 f.). • Der Film hat „mit Kunst … nicht viel zu schaffen" (z. B. Th. Mann, S. 56, Z. 2 f.). • Der Film „besänftigt durch Bequemlichkeit …" (Th. Mann, S. 56, Z. 19 ff.). • Die Romanverfilmung ist „ästhetisch verhängnisvoll", die Filmbilder erhalten erst durch den Text Sinn und lähmen die Fantasie des Rezipienten (M. Bruns, S. 57, Z. 4 ff., 21 ff.).
Sprache	• Der Film bietet den Schriftstellern neue gestalterische Möglichkeiten, wie z. B. die Simultanität (Y. Goll, S. 55, Z. 44 ff.). • Das Schreiben für den Film ist eine hohe Anforderung: Denken in Bildern (H. H. Ewers, S. 60, Z. 1 ff.). • Der Mensch kann sich die Welt unabhängig vom Zeichensystem und Machtinstrument Sprache aneignen (z. B. C. Mierendorff, S. 56, Z. 25 f.; H. H. Ewers, S. 60, Z. 20).	• Für das Verständnis der Filme ist Sprachkompetenz nicht notwendig (z. B. C. Mierendorff, S. 53, Z. 8 f.). • Der Konsum von Stummfilmen verstärkt den Sprachverlust, die Stummheit des Menschen (z. B. C. Mierendorff, S. 56, Z. 25 ff.).

4. Diskussion zwischen Befürwortern und Gegnern des Kinos:

Viele der Argumente für das Kino haben heute noch Gültigkeit; das aktuelle Kino bietet z. B.:

• Unterhaltung und Kunst für jeden, sowohl für die Masse als auch für den Intellektuellen;
• Kompensationsmöglichkeiten (vgl. Aufgabe 3. a), SB ▶ S. 52: z. B. Erlebnis, Wandlung, Lösungen für Grundprobleme des Lebens, Versenkung/Konzentration, Gemeinschaft);
• Innovation (neue filmische Ausdrucksmittel, aktuelle Themen);
• Mythos (mythologische Stoffe in aktueller Aufmachung).

Etliche der Argumente gegen das Kino sind aus heutiger Sicht eher schwach oder haltlos, z. B:

• spricht das Kino nicht nur die untere Bevölkerungsschicht an;

- hat das Kino zwar eine immense Breitenwirkung, aber die Manipulationstheorie der Medienkritik hat sich vielfach als unberechtigt erwiesen;
- gibt es zwar auch – aber nicht nur – schlechte „B-Movies";
- verlangt der „gute" Film die Kenntnis der Filmsprache/des filmischen Codes, da er ein komplexes künstlerisches Gebilde ist.

▶ S. 61 **5. Vorbehalte gegen das frühe Kino:**

Die Argumente stammen ausnahmslos von Intellektuellen (Schriftsteller und Journalisten) der 1920er Jahre, deren – teils als existenzbedrohend wahrgenommene – Situation zu berücksichtigen ist. Die Autoren befürchten, dass mit der bürgerlichen Lesekultur ihr „Machtinstrument" Sprache und ihre unmittelbare Einflussmöglichkeit auf ein breites Publikum verloren gehen könnte, indem es vom neuen Medium Film verdrängt wird. Die Film- und Kinokritik ist aber zugleich auch Klassenkritik. Nur langsam erkennen die Intellektuellen, dass Kino („Unterhaltung") und Literatur („Kunst") auch als getrennte Bereiche der Kultur betrachtet werden können, die sich gegenseitig nicht gefährden. Zudem bietet das neue Medium einen neuen kreativen Arbeitsbereich für die Literatur (z. B. das Schreiben von niveauvollen Drehbüchern).

3.4 „Das Ende der Kultur? – Das Ende des Menschen?": Medienumbrüche und Medienkritik

▶ S. 62 ZUSATZTEXT

Werner Faulstich

„Jetzt geht die Welt zugrunde …" Kulturkritik, „Kulturschocks" und Mediengeschichte: Vom antiken Theater bis zu Multimedia

(Aus: Ders.: Medienkulturen. Wilhelm Fink Verlag, München 2000, S. 171 ff.)

[…] Platon sah sich um 400 vor unserer Zeitrechnung mit einem Phänomen konfrontiert, das ebenso total war wie entropisch und irre-
5 versibel: dem endgültigen Niedergang der Opferprozessionen und Maskentänze des Dionysoskults mit seiner staatserhaltenden Bedeutung. Kaum mehr als hundert Jahre, nachdem ein neues Medium entstanden war, hatte es sich bedrohlich bereits weitgehend
10 durchgesetzt: das Theater.
Dieser Wandel konnte kaum rigider sein. Ritual und Mythos drücken das einheitliche Wesen des Göttlichen gleich bleibend als Unveränderlichkeit aus. Allein die Nachahmung
15 der Götter, unhinterfragt, hatte bislang den Sinn der menschlichen Existenz, die Identität des Menschen begründet. Ritual und Mythos, das gemeinsame Tun und der Bericht des Sehers, des Rhapsoden, der Priesterin, hatten
20 bislang als ordnungsfundierende, system-stabilisierende Menschmedien fungiert. Es waren Kultmedien mit sakralem Charakter. Die mimetische Darstellung der griechischen

Tragödie nun, das Spiel mit Rollen, das eine Übernahme einer anderen Identität darstellte, 25 das Überhandnehmen von Dialogen, die Präferenz von Gefühlen vor dem Vernunfthaften, das gezielte Auslösen von Klagen, Weinen, Angst, die Verunklärung und Vermischung von Gut und Schlecht, von Tugend und Un- 30 tugend – das alles setzte die alte feste Ordnung außer Kraft. Das griechische Theater als ein neu entstandenes Medium zerbrach die göttlich gegebene Struktur des traditionellen gesellschaftlichen Weltbildes und unterminierte 35 seine Gültigkeit und Durchsetzbarkeit. […]

Die Gefahr des Dichters, des Theaters für den idealen Staat bestand weniger im Medienwechsel als solchem, im Wechsel von einem Menschmedium zum andern, vom sakralen 40 Ritual zum Spiel mit wechselnden Rollen. Vielmehr bestand die Gefahr in der gleichzeitigen Funktionsverschiebung: Aus einer als faktisch vorgegebenen Welt der Götter, welche die Gesetze für das Zusammenleben auch 45 der Menschen unverrückbar vorgab und damit Identität garantierte, wurde die fiktiv erscheinende subjektive Gestaltung, welche zur Unterhaltung diente und mithin ihrer Verbindlichkeit verlustig gegangen war. In der 50 Tendenz war das ein Prozess der Profanisierung, von den Göttern als Fokus hin zu den Menschen, von den Gesetzen zu deren Auswirkungen.
Was zu Beginn der Antike zu beobachten ist, 55 gilt auch für den Ausgang des Mittelalters. Ein

zweites Beispiel zur ersten Phase der Mediengeschichte, mit der Dominanz der Menschmedien, thematisiert das wichtigste intersystemische Medium des Mittelalters überhaupt: die Fahrenden. Wer war das, die Fahrenden? Was heißt hier intersystemisches Medium? Und inwiefern äußerte sich hier Kulturkritik? Das Mittelalter charakterisierte sich bekanntlich durch relativ abgeschlossene Regel- und Lebenskreise: Burg/Hof, Land, Kloster, Kirche, mit der Entwicklung hin zur Stadt. Jeder dieser Lebenskreise, Subsysteme oder Teilöffentlichkeiten, war geprägt von spezifischen Medien. Die Fahrenden nun waren in dieser Konstellation Medium der horizontalen Mobilität, welche die festgefügten Grenzen zwischen den Lebenskreisen durchbrachen – eine Art intersystemisches Medium. [...] Fahrende, speziell Spielleute, waren hochbegehrt und willkommen – bei der Stadtbevölkerung, bei der Landbevölkerung, beim Adel, beim Klerus. Das lag an ihren unterschiedlichen Funktionen als Menschmedium: Zuallererst waren sie Neuigkeitslieferanten. Sie wurden als die „Journalisten ihrer Zeit" charakterisiert, denen politische Berichterstattung, sensationelle Nachrichten, Chronistenpflicht zugeordnet wurden. Wanderne Spielleute übernahmen oft auch das Nebenamt des Boten, Anfang nicht nur des Zeitungs-, sondern auch des Postwesens. Sodann waren sie natürlich Unterhaltungsmedium par excellence: unverzichtbares exotisches Beiwerk für Unterhaltungsanlässe aller Art: Hochzeiten, Thronerhebungen, Feldzüge, der Ritterschlag, das Dorffest, städtische Ereignisse, langweilige Winterabende, Kneipenfeiern, familiäre Festivitäten usw. [...]

Das Auftreten horizontal mobiler Gruppen bedrohte direkt die Herrschaftsausübung – sei es, dass z. B. hier keine Steuern bezahlt und keine Frondienste geleistet wurden, sei es, dass hier die Beteiligung am religiösen Gemeinschaftsleben fehlte und deshalb der Druck der Kirche unwirksam blieb. [...] Die Medienrevolution, mit der kurioserweise die meisten mediengeschichtlichen Entwürfe erst beginnen, belegt das um ein Weiteres (obwohl gerade dieser Aspekt lange unterschlagen wurde): die Geburt des Mediums Buch als Druckmedium. Das dritte Beispiel ist in der zweiten Phase einer übergreifenden Mediengeschichte angesiedelt, geprägt von der Dominanz der Druckmedien. Das Medium Buch, noch heute von manchen nostalgisch als Kulturmedium par excellence gefeiert, hat zunächst exakt dieselbe Kritik und Abwehr erfahren wie das Theater in der Antike und die fahrenden Spielleute im Mittelalter. [...] Das gedruckte Buch wurde, als es total, entropisch und irreversibel die Dominanz der Menschmedien gebrochen hatte, als ein „trojanisches Pferd" erkannt. Das meint zunächst einmal die Gefahr, dass die technische Multiplikation von Büchern auch zur Multiplikation von Sinnentstellungen und Satzfehlern im Ausgangsmanuskript führen müsse, wie man, geschult durch Erfahrungen beim Abschreiben von Büchern, von Anfang an befürchtete. Sodann heißt es auch: „Sehr großen Schaden vermöge der Buchdruck dadurch anzurichten, dass das Gift von Irrtümern erfüllter Schriften sich leicht in der ganzen Kirche ausbreiten könne." Neben die formale Verfälschung des Originaltextes tritt also die Gefahr der inhaltlichen Verfälschung, die Verbreitung häretischer Anschauungen. Und noch ine dritte Gefahr wurde erkannt, die erst eigentlich die Kritik zur Kulturkritik steigerte und ihren wahren Kern erkennen lässt: Selbst die Vervielfältigung der Bibel, sogar wenn ohne Fehler und in deutscher Sprache, also an sich verständlich, schaffe Verwirrung in der Gemeinschaft der Gläubigen und führe zu ihrer Spaltung, weil nun nicht nur der reiche Pfarrer in der Gemeinde sich eine ganze geschriebene Bibel leisten könne, sondern jeder arme ungelehrte Laie, und dieser dann mit Notwendigkeit zur falschen Auslegung der Heilslehre gelange. [...] Die Konkurrenz von mündlicher Predigt und gedrucktem Buch rekurriert hier deutlich auf die Gefahr einer Destabilisierung der bestehenden Ordnung. Es geht um das Monopol im Buchbesitz, im Lesenkönnen, im Auslegen der Texte, im Selberschreiben von Büchern – mithin um ideologische Macht und Herrschaft. [...] Auch für die zweite Phase der Mediengeschichte sollten weitere Beispiele zumindest erwähnt werden – so vor allem das an der Wende vom sechzehnten zum siebzehnten Jahrhundert neu aufkommende Medium der periodischen Presse: die Zeitung. [...] Eine Fülle gelehrter Dichter und Denker beteiligte sich Ende des siebzehnten, Anfang des achtzehnten Jahrhunderts an der so genannten Zeitungsdebatte – über die Frage, ob und in welchem Maße die geistlichen und weltlichen Herrschaftsinstanzen vom Medium Zeitung bedroht seien. Die Legitimität von Sakralität und politischer Macht stand hier in Frage. Aber auch schon während des gesamten siebzehnten Jahrhunderts wurden die Zeitungen angeklagt, Lügen und Verleumdungen zu verbreiten. Ihnen wurde vorgeworfen, die öffentliche Meinung zu beeinflussen. Man bezweifelte ganz generell, wozu denn diese gewaltige Menge an wöchentlichen und dann täglichen Informationen und Nachrichten überhaupt nütze sei. Die dauernde Aktualität bringe nur Hektik ins Leben der Menschen. Die Orientierung an Einzelpersonen beförder den Personen- und Starkult statt die Wahrheit. Die Zeitung, als Medium der Lüge, schüre nur den Weltekel. Sie mache Leser süchtig, befördere Parteilichkeit und die primitive Neu-Gier. [...]

Beispiel Nr. 5 kann den Übergang zur Dominanz der elektronischen Medien in unserem zwanzigsten Jahrhundert indizieren: die Fotografie. Die Kulturkritik geschieht hier nicht im Namen der Philosophie (wie bei Platon), im Namen der Politik (wie bei den Fahrenden), im Namen der Theologie (wie beim Buch), im Namen der öffentlichen Ordnung (wie bei der Zeitung), sondern im Namen der Kunst. [...] Kulturkritisch im eigentlichen Sinn waren dann aber erst die hitzigen Auseinandersetzungen zwischen Künstlern, Kunstkritikern und Fotografen um die Frage, ob der Fotoapparat nur ein technisches Instrument sei oder aber ein Mittel, geeignet für Kunst. Kann das Foto überhaupt Gestaltungsmerkmal sein? Wird Wirklichkeit hier nicht schlicht reproduziert, wie sie ist? Wo liegt der Geist beim bloßen mechanischen Abbilden von Natur? Oder ist die Fotografie die bessere Malerei? Wird der Maler durch den Fotografen überholt, verdrängt, aufgehoben? Erneut finden wir alle typischen Anzeichen der Medienrevolution, die alte, traditionelle Herrschaftsbastionen in Frage stellt und hinwegfegt, die einer wirklichen oder einer selbst ernannten Elite die Butter vom Brot nimmt. [...]

Mit dem Foto sind wir fast schon im zwanzigsten Jahrhundert angekommen, bei der Dominanz der elektronischen Medien, der dritten Entwicklungsphase im Rahmen einer übergreifenden Mediengeschichte. Die Übel sind hier Telefon, Fotografie, Fonografie und Telegrafie, Radio, Film, Fernsehen und Video. [...] Insgesamt sind die elektronischen Medien bevorzugt pauschal als Kulturzerstörer ins Rampenlicht gerückt worden, speziell unter der Chiffre der Massenmedien. [...] Das Rad der Dominanz der elektronischen Medien in unserer Kultur ist nicht mehr zurückzudrehen. Aber erneut die Frage: zurück zu was? Welches sind die impliziten Werte der Kulturkritik? Was ging angeblich verloren? [...]

Viertens also: Die derzeitige Euphorie über die digitalen Medien und die neue Medienkultur fordert, exakt wie die Kritik anlässlich früherer Medienrevolutionen, im Grunde – erstaunlicherweise – dasselbe wie diese: nämlich die Abkehr explizit „vom alten, subjektiven, linear denkenden und geschichtlich bewussten Menschen". Die Kultureuphorie der neuen digitalen Medien spiegelt nicht minder emphatisch als die gute alte Kulturkritik [...] die Sehnsucht nach der magischen, der mythischen Welt. Es ist die immergleiche Sehnsucht, die hier nur den „alten" Medien enttäuscht den Frust nachwirft. Kultureuphorie bei Medienrevolutionen als Kulturschocks verwendet denselben Immunisierungs- und Verweigerungsgestus wie die wohl bekannte und von den Fortschrittsaposteln belächelte Kulturkritik – auch hier geht es im Grunde nicht um Medien, nicht um Kultur, sondern um die Abwehr emanzipativer Ansprüche an ein uneigenständiges, infantiles, mit sich noch nicht identisches Ich. Insofern ist Kultureuphorie, gleichermaßen wie Kulturkritik, die Abwehr von Kultur selber. Es ist nicht die Welt, die hier zugrunde geht, sondern es fehlt nur die Fähigkeit und Bereitschaft, sich mit ihr gestaltend auseinanderzusetzen.

Bedroht der Computer, bedroht Multimedia unsere Kommunikation, unsere Kultur, unsere Welt? Beim Computer hat man den Schock (Volkszählung, maschinenlesbarer Personalausweis, gläserner Patient usw.) in konkret benannte Gefahren gebannt: Verarmung der Kultur, Allmachtsfantasien der Freaks auf der einen Seite, Ohnmachtsgefühle der Nichtkundigen auf der anderen. Alltagsleben werde rationalisiert und industriellen Effizienzanforderungen unterzogen. Soziale Vereinsamung werde gefördert. Vorgegebene Wahlmöglichkeiten würden schematisiert und reduziert. [...]

ZU DEN ARBEITSANREGUNGEN

Verschiedene Medien im Laufe der Geschichte:

▶ S. 62

In welcher Zeit gab es welche Medien?	Welche traditionellen Medien und Ideale stellten die jeweils neuen Medien in Frage?	Was war das Neue, was war bedrohlich?	Welche Kulturträger bzw. sozialen Gruppen sahen sich bedroht?
Antike: Schrift	interaktive Kommunikation (Mündlichkeit der Informationsübertragung), Unmittelbarkeit	noninteraktive Kommunikation: Der Unterricht verliert als Informationsinstrument sein Monopol, Wissen zu vermitteln und dessen Inhalte zu bestimmen; durch die Schrift kann sich jeder Wissen aneignen	philosophische Lehrer
Malerei und Dichtung	Wahrheit; Unmittelbarkeit	Erscheinung statt Wahrheit; Aktivierung unkontrollierbarer seelischer Regungen, Gefährdung der Ordnung	(Staat)
Theater	Menschenmedium („unreflektiertes Mitmachen" beim öffentlichen Ritus, z. B. Götterkult-Prozessionen); Wahrheit des Seienden, Ernsthaftigkeit	subjektive Gestaltung des *Schau*spielers (Rollenspiel, Fiktion), Rollenwechsel vom Teilnehmer zum reflektierenden Zuschauer, Unterhaltung statt Identität	Priester
Neuzeit: Buchdruck	handschriftliche Vervielfältigung und mündliche Verbreitung von theologischen Schriften durch die Kirche; Vermittlung der „Wahrheit" durch die kirchliche Hierarchie; Abschreiben als Kontemplation und „Gottesdienst"	Massenmedium: Verlust der einseitigen Auslegung durch die Kirche; unorganisierte Multiplikation von Wissen; subjektive Auslegung der Bibel u. a. Schriften, Verbreitung formaler und inhaltlicher Fehler; Störung von Gesetz und Ordnung	Kirche und ihre Vertreter
17. Jh.: Zeitung	Informationsmonopol (z. B. Kriegsberichterstattung); Dauerhaftigkeit, Wahrhaftigkeit und Seriosität der Information durch das Buch	Massenmedium: Beeinflussung der öffentlichen Meinung durch Verbreitung von „Lügen", Störung der öffentlichen Ordnung; Förderung von Sensationslust, Personenkult, Parteilichkeit	politische Machthaber und Dichter
ab ca. 1840: Fotografie	Kunst, originelle Gestaltung des Idealen; Autorität und Aura der originären Sache (Authentizität, Hier und Jetzt, Natürlichkeit, Tradition); Wahrheit	Massenmedium: Verfügbarkeit des Mediums durch jeden Laien; mechanisches, reproduzierbares Abbild der Natur; Verlust von Echtheit und Aura des Originals	Künstler und Kirche
um 1900: Schallplatte Kunstdruck	Musik und Kunst (vgl. oben)	(vgl. oben)	Künstler und Musiker
um 1900: Film	Literatur und Theater; Autorität und Aura der originären Sache (Authentizität,	Massenmedium, Popularität; Scheinhaftigkeit;	Dichter

		Verbreitung von „Schund"	
	Hier und Jetzt, Natürlichkeit, Tradition); Wahrheit		
ab ca. 1920: Radio	mündliche Sprache (Kontakt zwischen Sprecher und Hörer, Autorität des Sprechenden); Originalität; Ganzheit	Unterhaltung, weitere Zerstreuung des ohnehin „zersplittert wahrnehmenden" modernen Menschen; Flüchtigkeit, Oberflächlichkeit; Künstlichkeit, Scheinhaftigkeit	Dichter und Musiker
ab ca. 1950: Fernsehen	öffentliche Kommunikationsformen; Originalität; tatsächliches, orts- und zeitgebundenes Sein; Freiheit, Individualität und Humanität	Passivität und Konsum, Manipulation; Warenhaftigkeit; Scheinhaftigkeit; Simultanität	Literaten
ab ca. 1980: Computer	Unmittelbarkeit des zwischenmenschlichen Kontakts; Freiheit; Wirklichkeit; Schöpfungskraft	Künstlichkeit, Scheinhaftigkeit; Einschränkung unmittelbarer Lebensäußerungen (z. B. lieben, denken)	Philosophen (als schöpferisch denkende Menschen)
ab ca. 1990: Internet	Zeitung, Radio, Fernsehen; Urheberrecht, Originalität; Wirklichkeit	Informationsflut, Desorientierung; Möglichkeit der Veröffentlichung durch jeden Laien; Verfügbarkeit jeder Information für jeden	Journalisten (als professionelle Kontrolleure der Informationen)

▶ S. 62
Schrift, Dichtung, bildende und darstellende Kunst in der Antike/ Der Buchdruck nach Gutenberg/Die Zeitungen im 17. bis frühen 19. Jahrhundert/Medien im 20. Jahrhundert: Fotografie, Film, Kunstdruck und Schallplatte/Radio/Fernsehen/Computer

ZU DEN ARBEITSANREGUNGEN

▶ S. 71 **1. Gemeinsame Strukturen der Medienkritiken:**

Aus allen Texten (SB ▶ S. 62–71) sprechen die Befürchtung vor der Einflusseinschränkung bislang gesellschaftstragender Institutionen (z. B. Staat, Kirche) und die Sorge der Intellektuellen, das Monopol der Informationsvermittlung durch die Herrschaft über ein Medium zu verlieren. Dessen Zeichenstruktur, die von seinen Protagonisten gestaltet und gesteuert wird, wird für Realität gehalten bzw. als „Wahrheit" ausgegeben.

Neue Medien stellen den Realismus des Anspruchs auf die Abbildhaftigkeit alter Medien in Frage, indem sie deutlich machen, dass die alten Medien auch nur Zeichen für etwas waren.

▶ S. 71 **2. a) Argumentationen:**

Versteckte Interessen, die dem Machterhalt dienen, äußern sich z. B. in extrem formulierten, die Bedrohung herausstellenden Warnungen vor Missbrauch, Verbreitung von Unwahrheiten, Manipulation und Verlust der Humanität. Nachvollziehbarer scheint die Sorge um die Möglichkeit der Isolation, die mit dem Umgang einiger Medien einhergehe. Aber auch hier kann entgegengehalten werden, dass dasselbe Medium, das sozial vereinsamt, auch Gemeinschaft schaffen kann (z. B. Austausch über Fernsehsendungen, geselliges Fernsehen, Interaktion via Radio, TV, Computer). Die Argumentation, der Mensch verliere sein Erinnerungsvermögen durch die Speichermöglichkeiten von Schrift und Computer (z. B. Sokrates, J. Baudrillard), scheint zwar plausibel; Speichermedien sind aber im Informationszeitalter angesichts des sich immer weiter ausbreitenden – seriösen – Wissens lebensnotwendig.

Projektvorschlag: Recherche positiver zeitgenössischer Äußerungen über Möglichkeiten/Auswirkungen der je neuen Medien (z. B. Luther über den Buchdruck, R. Musil über den Film, B. Brecht über das Radio).

2. c) Eine eigene Meinung finden:

Alle genannten Medien existieren noch, keines ist tatsächlich verdrängt worden!

Einige haben allerdings ihre Führungsrolle in der massenhaften Vermittlung von Informationen an andere abgegeben (z. B. werden Mythen heute eher über den Film als über mündliche oder schriftliche Erzählung überliefert; das Internet erleichtert die Informationssuche gegenüber den Printmedien etc.).

3. Parallelen zwischen Aspekten der Sprachkrise um 1900 und einzelnen Medienkritiken:

Die **Sprachkrise um 1900** entstand aus dem sich zuspitzenden Bewusstsein der Entfremdung durch die Scheinhaftigkeit der Sprache im Versuch, der „Wahrheit der Dinge" nahe zu kommen, der Sorge um die „Echtheit" und „Wahrheit" des Originals.

Alle **Medienkritiken**, welche die mangelnde Deckungsgleichheit von Zeichen (Medium) und Ding (die Sache an sich) beklagen, weisen Parallelen auf, z. B.:

Sokrates: „fremde Zeichen" (SB ▶ S. 62, Z. 15), „.... von der Weisheit bringst du deinen Lehrlingen nur den Schein bei, nicht die Sache selbst." (Z. 19 f.)

Platon: „Erscheinung oder Wahrheit?", „Gar weit von der Wahrheit ist die Nachbildnerei" (SB ▶ S. 63, Z. 4 ff.), „fremder Zustand" (Z. 60)

Walter Benjamin: Verlust des „Hier und Jetzt des Originals", der „Echtheit" (SB ▶ S. 66, Z. 1 f.), der „Autorität der Sache" (SB ▶ S. 67, Z. 46)

H. Hesse: „Urkampf zwischen Idee und Erscheinung" (SB ▶ S. 68, Z. 2 f., Z. 24)

Günther Anders: Aufheben des „Unterschieds zwischen Sein und Schein, zwischen Wirklichkeit und Bild" (SB ▶ S. 68, Z. 38 f.)

Jean Baudrillard: „Schauspiel des Denkens" (SB ▶ S. 70, Z. 36 f.)

4. a) Konstruktion der Wirklichkeit bei den Medien:

Jedes Medium konstruiert Wirklichkeit im Versuch, sie abzubilden bzw. sich ihr anzunähern. So ist auch die Warnung der Kritiker vor der Künstlichkeit und Scheinhaftigkeit eines neuen Mediums wenig überzeugend, da alle Medien immer schon „mittelbar" sind, also von der „Echtheit" und „Originalität" einer Sache wegführen. Auffällig ist, dass Medien in etablierten Phasen des Ausbaus ihrer Vormachtstellung im kulturellen und gesellschaftlichen Bereich den Anspruch erheben, „echt", „wahr" zu sein.

4. b) „Das Medium ist die Botschaft"?

Jedes Zeichen bildet nach und jede Nachbildung birgt eine Veränderung durch die jeweils medialen Bedingungen. Insofern „ist das Medium die Botschaft" (so der kanadische Medienwissenschaftler Herbert Marshall McLuhan). Das Medium vermittelt nicht in erster Linie Inhalte, sondern es ist selbst der Inhalt, indem es ihn erst mittels seiner spezifischen Zeichen gestaltet/konstruiert. Es transportiert also nicht nur Botschaften, sondern prägt bzw. schafft sie. M. McLuhan erweiterte in den 1960er Jahren den Medienbegriff, indem er über die traditionellen Medien (wie Buch, Film, Telefon etc.) hinaus auch Kleidung, Verkehrsmittel, Waffen, Automaten etc. als Medien betrachtete.

5. a) Verlust des Selbst:

Die Angst vor dem Verlust der als harmonisch erlebten Einheitserfahrung von Geist und Körper, von Ich und Welt nährt die Medienkritiken. Die zunehmende Entmenschlichung der Medien wird z. B. gesehen in der:

● Verlegung des Gedächtnisses vom Hirn in außerkörperliche Datenbanken (z. B. Sokrates, SB ▶ S. 62, Z. 11 ff.; J. Baudrillard, SB ▶ S. 69, Z. 1 ff.),

● Trennung von Ich und Du (z. B. Sokrates, SB ▶ S. 62, Z. 16 f.; A. Döblin, SB ▶ S. 67, Z. 15 f.; N. Postman, SB ▶ S. 69, Z. 21 ff.; J. Baudrillard, SB ▶ S. 69, Z. 17 ff.) und von Ich und Welt (z. B. G. Anders, SB ▶ S. 68, Z. 7 ff., Z. 46 ff.; G. Anders, SB ▶ S. 69, Z. 21 ff.),

● „Zerteilung" des Individuums in sich (z. B. E. Lissauer, SB ▶ S. 67, Z. 11 ff., Z. 22 ff.; G. Anders, SB ▶ S. 69, Z. 28 ff.),

● Verkümmerung des Menschen (z. B. J. Baudrillard, SB ▶ S. 69, Z. 11 ff.) und dem Verlust des Menschlichen an die Maschine (z. B. J. Baudrillard, SB ▶ S. 70, Z. 23 ff., Z. 57 f.).

C Sprache im Internet: :-) oder ;-(?

1 Sprache und Sein im virtuellen Raum

ZU DEN ARBEITSANREGUNGEN

▶ S. 73 **1. b) Eigenschaften der Sprache im Netz:**
Sprache in der Netz-Kommunikation muss „leicht umgänglich" sein, unkompliziert und schnell. Dazu muss sich die Schriftsprache an die Mündlichkeit annähern: Verkürzung, Umgangssprache, Fehlertoleranz, Einbezug von mimischen und gestischen Ausdrucksmöglichkeiten.

2. Verhältnis von Schein/Sein, Lüge/Wahrheit und Realität/Abbild:
Gerade die Kommunikation im Internet ermöglicht einen spielerischen Umgang mit dem Sein, das sich mittels Sprache verschiedenste Formen (Schein) geben kann. Lüge und Wahrheit sind hier kaum noch treffende Kategorien, da jeder Teilnehmer weiß, dass „wahre" Identität in der Online-Kommunikation kaum zu erwarten ist. Da Sprache im Internet das primäre Symbolsystem für Wirklichkeit ist, bildet sie Realität nicht nur ab, sondern konstruiert/schafft sie auch.

2 Newsgroups, E-Mails und Chats: Sprache als digitales Medium

ZU DEN ARBEITSANREGUNGEN

▶ S. 74 **1. Umgang mit Sprache:**
Die Schülerinnen und Schüler könnten Ausdrucke ihrer Internet-Kommunikation als Untersuchungsmaterial mitbringen und in arbeitsteiligen Gruppen analysieren.

2. Elemente der Schriftlichkeit und Mündlichkeit:
Die *Schriftlichkeit* unterliegt einem Transformationsprozess: Da der Bildschirm die Übertragung in geschriebene Sprache verlangt, erscheint Schrift in der medial transformierten Form mündlicher Sprache. Die erforderte Schnelligkeit der Kommunikation führt zu der neuen Form, an welche nicht derselbe Maßstab wie an den „Offline-Gebrauch" von Schrift angelegt werden kann (z. B. Orthografie); sprech- und schriftsprachliche Elemente werden gemischt. Elemente der *Mündlichkeit* in der geschriebenen Sprache: z. B. reduzierte Wortformen, Abkürzungen, Anglizismen, Einflüsse der Comicsprache, Emoticons, umgangssprachliche Ausdrücke, Dialektismen, Lautwörter, Homophonie, phatische Kommunikation.

ZUSATZTEXT

Wolf Peter Klein
Neue Grammatik

(Aus: Ders.: Neue Grammatik – Jetzt wird es Zeit: Wege zu einer Syntax der Online-Sprache. FAZ, 3. 1. 01)

Flüchtigkeit, Irreversibilität und Synchronisierung sind demnach die zentralen zeitlichen Modalitäten der gesprochenen Sprache. Mündliche Sprache verfliegt im selben Moment, in dem sie erklingt. Während schriftliche Texte sozusagen nur gewaltsam zerstört werden können, gehört es zum Wesen der gesprochenen Worte, dass sie nur für Augenblicke

5

existieren. Die Irreversibilität bezieht sich auf
den Produktionsprozess der Sprache. Beim
Schreiben gibt es immer wieder Zurück-
nahmen, Korrekturen und Verfeinerungen.
Beim Sprechen gehört es gleichsam zum guten
Ton, dass man in jedem Fall bei dem bleibt, was
geäußert wurde. Die ständigen Retrospektiven
des Schreibens wären beim Sprechen ein Zeichen für mangelnde Sprachbeherrschung.
Daher herrscht in der gesprochenen Sprache
auch eine vergleichsweise große Toleranz gegenüber sprachlich-grammatischen, schrift-
basierten „Fehlern". Beim zeitlichen Zusam-
menspiel von Produktion und Rezeption wird
die Kluft zwischen gesprochener und ge-
schriebener Sprache am deutlichsten. Sprecher und Hörer agieren stets in einem Raum
der Gleichzeitigkeit: Einer spricht, ein anderer hört und versteht synchron. Beim Laut-

wort fallen Produktion und Rezeption zeitlich
faktisch zusammen. Ganz anders verhält es
sich beim geschriebenen Wort. Zwischen dem
Produktionsprozess des Schreibers und dem
Rezeptionsprozess des Lesers liegt stets eine
mehr oder weniger lange Zeitspanne. Kein
Adressat liest einen Brief in dem Moment, in
dem er geschrieben wird.
Eine bezeichnende Ausnahme bilden hier
freilich die Möglichkeiten der neuen Medien.
Im Internet-Chat sind Produktions- und Rezeptionsprozess visueller Sprache so synchron und ortsungebunden geworden wie nie
zuvor in der Geschichte menschlicher Kommunikation. Kein Wunder daher auch, dass in
den elektronischen Chatrooms eine Sprache
auf den Bildschirmen erscheint, die von einer
Vielzahl typisch mündlicher Eigenheiten
durchzogen ist.

ZU DEN ARBEITSANREGUNGEN FÜR PROJEKTORIENTIERTES ARBEITEN

1. a) Chat-Auszug:

▶ S. 76

Die Zahl der Teilnehmerinnen und Teilnehmer an dem Chat-Gespräch (SB ▶ S. 74–76) scheint unbegrenzt,
sodass es zu Überlagerungen nicht aufeinander bezogener Gespräche kommt. Es gibt kein länger anhal-
tendes, durchgängiges Thema, an dem sich alle beteiligen, keinen übergeordneten inhaltlichen Zusammenhang (unklare Kommunikationsstrukturen, Vervielfachung der Kommunikation).
Die Kommunikation verläuft schnell und simultan, sodass Antworten manchmal erst kommen, wenn schon
längst die nächste Frage gestellt wurde, und dann unpassend erscheinen. Manchmal entstehen Lücken
durch geflüsterte Passagen, die man nicht mit Sinn füllen kann (sichtbar zwischen Alanna und Trixi, un-
sichtbar zwischen LadyNavida und KI-Hexe). Gesprächspassagen können wirken, als seien sie aufeinander
bezogen, ohne es wirklich zu sein (z. B. durch ähnliche Worte wie „fahren": Sleizers' Frage an WasserElfe und
Geezmos Antwort an LadyNavida: *Sleizers: und welches davon fährst du?* (SB ▶ S. 83, Z. 83), *Geezmo:
Na is ansichtsache. Ich fahr zum ersten mal* (Z. 84)).

Gesprächsthemen und -stränge:
- Problematisierung des Sprachcodes: Trixi, Zangadang, Alanna und -Blade- (siehe unten), KI-Hexe und
  LadyNavida
- Chatiquette: Geezmo, Raistilin, LadyNavida, Erdmaennchen
- Love-Parade: Geezmo, LadyNavida und Zangadang (siehe unten)
- Autos: WasserElfe, Erdmaennchen und Sleizers
- Ungerichtete und unbeantwortete Kommentare bzw. Kommunikationsversuche: z. B. Bueromaus22, 4U,
  Vampir13, SexyLilli

Zusammenhängende Gespräche des Chatauszugs
(webchat: 10. 7. 2001, 21.13–21.15 Uhr, SB ▶ S. 74–76), z. B.:

ZANGADANG: trixi: Sprache? wasn dasn??
ALANNA: wasn das @ trixi ? ;o)
TRIXI: Wie geht das?
TRIXI: Wie stehts hier mit der Sprache?
ALANNA: bescheiden @ trixi. hier jedenfalls. reicht das?
TRIXI: Ich verstehe nicht, wie ihr sprecht ...

ZANGADANG: ähm, trix, worum gehtsn?
GEEZMO: trixxi, *hea*
TRIXI: Jetzt quatsch nicht immer dazwischen!
10 ERDMAENNCHEN: @trixi %-(?
TRIXI: Ich will wissen, wie ihr schreibt!!
ALANNA: ...was möchtest du denn hören, trixi?
Alanna flüstert: Lektion eins: Flüstern. Du tippst /w [nickname] [text]
TRIXI: Alanna: und dann???
15 Alanna flüstert: Zweitens: Smileys. Mach, was du willst, solange es augen : hat ;o)
TRIXI: Alanna: Was heißt flüstern??
Alanna flüstert: Drittens: gg = grinsen. Je mehr g's desto breiter. fg = frech grinsen
Alanna flüstert: ich meine flüstern. das, was ich hier tue. das kannst nur du lesen.
ZANGADANG: trixi: ganz leise schreiben
20 -BLADE- tirix flüstern ist das,wenn du /f nick eingibts,so kannst du nen text schreiben und zu deinen Chatpart-
ner senden ohne das einer das liest

GEEZMO: (...) Na LadyNavida, wie iset?
LADYNAVIDA: Es geht so, danke und dir?
GEEZMO: Wie alt bist du denn?
LADYNAVIDA: 18 und du?
5 GEEZMO: Ich auch, trifft sich ja gut.
GEEZMO: Cool, ich komme aus leipzig und bin in 11 Tagen in berlin.
GEEZMO: zur loveparade
LADYNAVIDA: Ah ja, na ja die is ja nicht so spannend!
GEEZMO: Wie jetzt in leipzig oder auf der loveparade?
10 LADYNAVIDA: auf der LoveParade geezmo
GEEZMO: Wie oft warst du denn schon dort?
LADYNAVIDA: 1x das erste und letzte Mal, schätze ich!
GEEZMO: Wieso das denn?
LADYNAVIDA: Ich kann solche Massenveranstaltungen nicht leiden, was habe ich davon?
15 GEEZMO: Na is ansichtsache. Ich fahr zum ersten mal
ZANGADANG: geezmo: wenn du die musik magst, ist die parade vermutlich was für dich
GEEZMO: is egal. Was machst du denn so den ganzen tag?
GEEZMO: genießt wohl die ferien?
ZANGADANG: geezmo: hast du infos/websites zur parade, oder bruachst du noch tips?
20 GEEZMO: nö lass mal.
ZANGADANG: gee: oki :-)

Schreiber-Wechsel: Begrüßungs- und Verabschiedungsfloskeln (z. B. SB ▶ S. 74–76, Z. 1, Z. 99 ff.)
Anonymität oder Bekanntheit: z. B. überschwängliche Begrüßung vieler wie bei Amalia24 (Z. 99 ff.) oder unbeantwortet bleibende Kommunikationsversuche wie besonders bei Vampir13 (Z. 52, Z. 66, Z. 75, Z. 80, Z. 89, Z. 92, Z. 96)
Beherrschung des Sprachcodes:
- Einsatz von Emoticons und Akronymen, wie z. B. bei Alanna, Zangadang, Erdmaennchen, Geezmo und WasserElfe (z. B. Z. 3 ff., Z. 42, Z. 108), bei U4 (z. B. Z. 21, Z. 38);
- Fähigkeit zur parallelen Kommunikation mit mehreren Gesprächspartnern zu unterschiedlichen Themen (z. B. spricht LadyNavida mit Geezmo und Kl-Hexe gleichzeitig, Alanna erklärt Trixi den Sprachcode, ohne dabei ihre Gesprächsfäden mit anderen zu vernachlässigen);
- Einweisung anderer in den Sprachcode (besonders Alanna und LadyNavida).
  Trixi und Kl-Hexe zeigen ihre Unkenntnis inhaltlich (Fragen nach dem Sprachcode, Unverständnis/ Ungeduld: z. B. Z. 26) und formal (nahezu korrekte Schriftsprache).

1. b) Grammatikalische Eigenheiten:

► S. 76

Grammatikalische Eigenheiten der Online-Sprache (vgl. auch SB ► S. 74, Aufgabe 2):
durchgängige Kleinschreibung, verkürzte Sätze, parataktische Satzkonstruktionen, prädikativ gebrauchte Verbstämme (z. B. „grins"), Kongruenz- und Rektionsfehler, Akronyme (z. B. „cu", „lol"), Reduktionen (z. B. „nich"), Interjektionen („haha"), Iterationen (z. B. „???").

2. Visuelle Zeichen und Kürzel:

Elemente der mündlichen Kommunikation wie z. B. mimischer und gestischer Ausdruck werden durch die Kommunikation über visuelle Zeichen und Kürzel, so genannte Emoticons, kompensiert. Dies sind universelle, mit der Tastatur hergestellte ideografische/piktografische Zeichen.

Beispiele:

:-)	oder (c: Gesicht	8-)	Brillenträger
:-)	fröhlich	>-	weiblich
:-(	traurig	:-	männlich
,-(	weinen	x	Kuss
:-O	staunen	Asterisken (*freu*) expressives Sprechen	
:-\	Skepsis		

3. Chatrooms:

Achtung: Internet-Adressen ändern sich schnell! Über die Eingabe von Suchbegriffen (z. B. Chat, Literatur) bei Suchmaschinen kann man auch weiterkommen.

4. Anonymes Chatten:

Im Chatgespräch wird häufig mit dem Verhältnis von Identität und Anonymität gespielt.

Das Spiel mit Alter, Aussehen und Geschlecht scheint in der Online-Kommunikation besonders reizvoll. Aber auch Herkunft und soziale Stellung sowie persönliche Merkmale wie Intonation, Mimik und Gestik spielen keine Rolle. Persönliche Merkmale können zurückgenommen oder verstärkt werden, um die Wirkung auf andere zu testen (vgl. auch die Texte SB ► S. 72–73).

5. a) Nicknames:

Computer und Internet-Kommunikation: z. B. Login, 4U
Comic: z. B. Zangadang, Geezmo, Ganja-Boy
Tierwelt: z. B. Erdmaennchen, Pantherin
Märchen: z. B. Wasserelfe, KI-Hexe
Fantasy: z. B. Alanna, LadyNavida, Elodea
Mythen/Sagen: z. B. Little Ares, Vampir13
Film: z. B. -Blade-
Rollenklischees: z. B. Bueromaus22, SexyLilli
Reale Namen/Abkürzungen: z. B. Trixi, Amalia24 *(mit Altersangabe)*

5. b) Hinweise auf die Chatter:

Interesse am (tatsächlich?) anderen Geschlecht zeigen z. B. Geezmo (LadyNavida) und Ganja-Boy (Wasser-Elfe); Alanna duldet die „Anmache" von Ganja-Boy nicht (SB ► S. 77, Z. 37); freundschaftliche Unterstützung finden die beiden fragenden weiblichen Chatterinnen Trixi (Alanna) und KI-Hexe (LadyNavida) bei ihren Geschlechtsgenossinnen; einen eher kumpelhaften Umgang miteinander pflegen einige der männlichen Chatter, wie z. B. Zangadang, Geezmo und Erdmaennchen.

Auf die soziale Stellung lassen sich nur schwer brauchbare Hinweise finden: Geezmo und LadyNavida können es sich (finanziell, zeitlich) leisten, zur Love-Parade zu fahren; WasserElfe prahlt mit ihrem Fuhrpark (was aber ein Scherz ist); die Schriftsprache von Trixi und KI-Hexe unterscheidet sich im Niveau von der der anderen (z. B. Comicsprache, Dialektismen), wird sich aber vermutlich mit einiger Übung angleichen (erster Versuch: Z. 62). Insgesamt ist das Niveau der Unterhaltung nicht sehr hoch und das Interesse an einem längeren thematisch gerichteten Austausch gering, was ... (weiter Aufgabe 6).

6. „To chat":

... dem „Plaudern" und „Schwatzen" entspricht.

▶ S. 76 **7. Meinungen über das Chatten:**

Die Schülerinnen und Schüler können überlegen, ob sie ihr alltägliches Sprech- oder Schreibverhalten während des Chats verändert haben (z. B. schneller, unkontrollierter, oberflächlicher, freizügiger, unvollständiger, hilfloser und letztlich: kreativer). Eigene Erfahrungen der Schülerinnen und Schüler, das Interview mit dem Sprachwissenschaftler Peter Schlobinski (SB ▶ S. 72 f.) oder der Chat-Auszug mögen zeigen, dass die Online-Sprache an das Medium gebunden ist und dort kreative, ungewohnte Formen der Verbindung von mündlichem und schriftlichem Sprachgebrauch zeigt (vgl. den Text von Wolf Peter Klein, SB ▶ S. 74, Aufgabe 2, LB ▶ S. 60). Die Chatsprache ist eine sprachliche Varietät, die im Online-Kontext gebraucht wird, sich aber nicht auf andere, nicht-virtuelle sprachliche Kontexte übertragen lässt.

8. „Chatiquette":

Die „Chatiquette" ist die Etikette der Online-Kommunikation. Die Höflichkeitsregeln der Kommunikationsgemeinschaft werden in den meisten Chatrooms von den Teilnehmern selbst eingefordert (vgl. SB ▶ S. 74, Z. 10, 14 f.), in manchen Chatrooms besteht aber auch eine Kontrollmöglichkeit durch den Provider.

9. a) Rollenprofile und Nicknames entwickeln:

Gängige Rollenprofile und Nicknames (vgl. auch SB ▶ S. 76, Aufgabe 5. a), LB ▶ S. 63):
Anleihen vor allem bei Comic, Sage, Film, Musik, Graffiti, Konsumprodukten

9. b) Ein Chatgespräch als Spielszene:

Die Kommunikationsstrukturen und -inhalte eines Chatgesprächs werden durch die verfremdende Visualisierung als szenische Darstellung besonders augenfällig (z. B. Anonymität, Schnelligkeit, Chaos, Beziehungslosigkeit, Absurdität).

Chat mit Eliza, einer Maschine

ZU DEN ARBEITSANREGUNGEN

▶ S. 77 **1. Gesprächsstrategien:**

Verfahren der nicht-direktiven Gesprächsführung (nach dem Psychologen Carl Rogers): inhaltliches „Spiegeln" durch das Aufgreifen bedeutungstragender Kernbegriffe (hier *kursiv*) aus den Aussagen des Gesprächspartners (z. B. Substantive, Verben, Adjektive), um daraus neue Fragen zu bilden. So entsteht der Eindruck, das (virtuelle) Gegenüber habe einen „verstanden", z. B.:

- „... wer *bist* du?" – „Ob ich *bin* ...";
- „Ja, *du!*" – „Lass' uns über *dich* sprechen ...";
- „Du *bist komisch!*" – „Ich *bin* immer *komisch*";
- „Ich *bin Dichterin* ..." – „*Dichterin* zu *sein* ...";
- „... ich *habe Sprachnot!*" – „Du *hast* tatsächlich *Sprachnot?*";
- „... *in meinem Kopf drunter und drüber!*" – „... *in meinem Kopf drunter und drüber?*" (SB ▶ S. 77).

2. Die Chat-Partnerin Eliza:

Menschliche Züge:

- Interesse am Problem des Gesprächspartners, z. B.: „Erzähle mir von deinem Problem.", „Kannst du dazu mehr sagen?", „Erkläre mir das genauer."
- wiederholendes Nachfragen (Spiegeln), z. B.: „Dichterin zu sein, ist kein leichtes Los.", „Du hast tatsächlich Sprachnot?"

Hinweise darauf, dass Eliza eine Maschine ist:

- Wiederholung identischer Sätze, z. B.: „Lass' uns über dich sprechen, nicht über mich.";
- Abwehr, z. B.: „Ob ich bin, ist meine Sache.", „Du weichst aus.", „Lass' uns über dich sprechen, nicht über mich.";
- Versuch, den Gesprächpartner zum Erzählen zu bringen, z. B. durch Häufung von Fragen;
- Missverstehen: „Da geht es in meinem Kopf drunter und drüber?";
- Eingeständnis, z. B.: „Glaubst du nicht, dass Maschinen den Menschen helfen können?".

LITERATURHINWEIS

Carl Rogers: Die nicht-direktive Beratung. Fischer Taschenbuch, Frankfurt/M. 1994.

III. Möglichkeiten der Lernerfolgskontrolle/ Klausurvorschläge

Zu Hugo von Hofmannsthal

Hugo von Hofmannsthal
Eine Monografie (Ausschnitt)

(Aus: Loris. Die Prosa des jungen Hugo von Hofmannsthal. S. Fischer Verlag, Berlin 1930, S. 244 f.)

Ein Professor schreibt ein Buch über einen lebenden Schauspieler. Es scheint, dass der Schauspieler ein Erlebnis für den Professor geworden ist, und wohl auch für einige andere Leute. Das ist wohl sehr gut, wenn das so ist. „Denn ich kann Ihnen sagen, nicht weniger Sensation ist es, was wir brauchen, sondern mehr, viel mehr!" Und das weiß doch jeder Mensch, dass die Bücher im Allgemeinen für die Leute in dieser Stadt kein Erlebnis sind, ganz und gar keines, weder wegen ihrer „Gedanken" noch wegen ihrer „Schönheiten". Die Leute sind es nämlich müde, reden zu hören. Sie haben einen tiefen Ekel vor den Worten: Denn die Worte haben sich vor die Dinge gestellt. Das Hörensagen hat die Welt verschluckt.

Die unendlich komplexen Lügen der Zeit, die dumpfen Lügen der Tradition, die Lügen der Ämter, die Lügen der Einzelnen, die Lügen der Wissenschaften, alles das sitzt wie Myriaden tödlicher Fliegen auf unserem armen Leben. Wir sind im Besitz eines entsetzlichen Verfahrens, das Denken völlig unter den Begriffen zu ersticken. Es ist beinahe niemand mehr imstande, sich Rechenschaft zu geben, was er versteht und was er nicht versteht, zu sagen, was er spürt und was er nicht spürt. So ist eine verzweifelte Liebe zu allen Künsten erwacht, die schweigend ausgeübt werden: die Musik, das Tanzen und alle Künste der Akrobaten und Gaukler. (Die Malerei schweigt zwar auch, aber man kann durch eine Hintertüre auch aus ihr einen Augiasstall des begrifflichen Denkens machen, und so hat man sie sich gleichfalls unmöglich gemacht.) Alle anständigen Menschen haben von vornherein einen Widerwillen gegen einen, der gewandt redet. Das „gut Ausgedrückte" erregt spontan den Verdacht, nicht empfunden zu sein. […] Mit dieser inneren Müdigkeit und dem stumpfen „Ha" gegen die Worte entstand auch der große Ekel vor den Gesinnungen. Denn die Gesinnungen der Leute sind nichts als ein gespenstischer Zusammenhang von ungefühlten Worten. Wenn die Menschen schwach geworden sind und die Worte sehr stark, so siegt der gespenstische Zusammenhang der Worte über die naive Redekraft der Menschen. Sie reden dann fortwährend wie in „Rollen", in Scheingefühlen, scheinhaften Meinungen, scheinhaften Gesinnungen. Sie bringen es geradezu dahin, bei ihren eigenen Erlebnissen fortwährend abwesend zu sein. Der schlechte Schauspieler, der mit der Situation ein abgekartetes Spiel spielt, weil er ihre Einzigkeit nicht begreift, ist das Symbol davon.

So sitzen sie in den Theatern und schauen sich selber an, denn in jeder Zeit wird genau so Theater gespielt, wie gelebt wird: in wesenhaften wesenhaft, in scheinhaften scheinhaft. So entstehen diese Pseudo-Schauspieler, die den Schein des Scheins spielen, nicht etwa das beiläufige Gedächtnisbild des inneren Erlebnisses, sondern etwas von außen her angeflogenes, ein konventionelles Zeichen. Ihre Gebärden fließen als eine Begleitung zu ihren Worten hin, ganz wie im Leben unser scheinbares Tun.

Alle diese Erniedrigungen mussten den Triumph eines Schauspielers herbeiführen, der Gewalt über die Worte hat und der sie für nichts achtet, für nichts die Worte und für nichts die Gewalt über sie. Denn für gewöhnlich stehen nicht die Worte in der Gewalt der Menschen, sondern die Menschen in der Gewalt der Worte. Die Worte geben sich nicht her, sondern spinnen alles Leben von den Menschen ab, so, wie Goethe sagt, dass es gewissen Männern von den Frauen widerfährt. Wenn wir den Mund aufmachen, reden immer zehntausend Tote mit. Der Mitterwurzer hat seine Beredsamkeit das Schweigen gelehrt. Er hat

85 die zehntausend Toten totgetreten, und wenn er redet, redet nur er. In seinem Mund werden die Worte auf einmal wieder etwas ganz Elementares, der letzte eindringlichste Ausdruck des Leibes, Waffen wie die Zähne und die Nägel, Lockungen wie das Lächeln und die 90 Blicke, reine sinnliche Offenbarungen des inneren Zustandes. In seiner Beredsamkeit kommt die Seele hervor, wie ein Leibliches, und macht vor uns Erlebnisse durch. Wenn er Feuer und Wasser redet, spüren wir „es" sich wärmen und „es" sich netzen. Da wissen wir 95 endlich, warum wir ins Theater gegangen sind. Wir sind beiläufig bereit zu glauben, dass der Mitterwurzer einem Hund eine einfache, kurze Geschichte ganz gut so erzählen kann, dass der davon seinen Eindruck bekommt. 100 Wir aber und die zehntausend Toten könnten lang reden, bevor ein Hund sich deswegen umdreht.

Zum Text: In „Eine Monografie" (1985 erschienen in der „Zeit") bezieht sich Hugo von Hofmannsthal auf einen Text, in dem Professor Eugen Guglia den Schauspieler Friedrich Mitterwurzer darstellt. F. Mitterwurzer war zu seiner Zeit ein bekannter Schauspieler.

AUFGABENSTELLUNGEN (Auswahl)

1. Fassen Sie Hofmannsthals Ansicht über seine Zeit thesenartig zusammen.
2. Stellen Sie dar, wie der Autor die Sprache seiner Zeit einschätzt, und erläutern Sie diese Einschätzung. Gehen Sie dabei knapp auch auf sprachphilosophische Aspekte ein.
3. Analysieren Sie, wie Hugo von Hofmannsthal den Zusammenhang zwischen Sprachkritik und Gesellschaftskritik sieht. Beziehen Sie sich dabei auch auf andere Ihnen bekannte Texte aus der Zeit des Epochenumbruchs um 1900.
4. Erarbeiten Sie, worin für Hofmannsthal die besondere Qualität des Schauspielers F. Mitterwurzer besteht.
5. Diskutieren Sie eine Ihrer Ansicht nach relevante These aus dem Text, indem Sie sie auch auf ihre Gültigkeit für unsere Zeit hin überprüfen.

VORAUSSETZUNGEN

1. Die üblichen Fertigkeiten, Fähigkeiten und Kenntnisse zum Anfertigen von Textbearbeitungen.
2. Genaue Kenntnis folgender Texte des Schülerbuchs:
- Kapitel B 1: Hugo von Hofmannsthal „Ein Brief" (SB ▶ S. 23 f.)
- Kapitel B 2: Friedrich Nietzsche „Über Wahrheit und Lüge im außermoralischen Sinn" (SB ▶ S. 32 ff.)
- Kapitel B 3: Hugo von Hofmannsthal „Der Ersatz für die Träume" (SB ▶ S. 46)

ERWARTUNGSHORIZONT

Zu Aufgabe 1:
Hofmannsthal erfährt seine Zeit als
- verlogen,
- verloren (dem Untergang bestimmt),
- dem Schein, der Fassade, nicht dem Wesentlichen verpflichtet.
  Die Menschen dieser Zeit sieht er als gefühls- und reflexionsunfähig.

Zu Aufgabe 2:
Die Sprache seiner Zeit ist seiner Ansicht nach
- an Konventionen gebunden,
- unaufrichtig,
- eine Barriere, die den Zugang zu den Dingen verwehrt.

Zu Aufgabe 3:

Zusammenhang von Sprach- und Gesellschaftskritik:

- Ekel vor Sprache ist identisch mit (symptomatisch für) Ekel vor der Zeit.
- Die Wörter sind mit tradierten – und nicht mehr gültigen! – Inhalten so überladen, dass sie keinen authentischen Wirklichkeitszugang mehr ermöglichen.
- Da die Lügen der Zeit an ihre sprachliche Vermittlung fest gebunden sind, kann die Sprache nicht mehr für Aufklärung und Aufbruch genutzt werden.
- Die Menschen sind ihrer Sprache ausgeliefert, sind Objekt, nicht Subjekt der Sprache.
- Eine authentische, wesenhafte Kommunikation ist in einer Gesellschaft nicht mehr möglich, die sich am unauthentischen Schein orientiert.

Bezüge:

- „Ein Brief": identische Darstellung des Ekels vor Worten (Begriffen),
- „Über Wahrheit und Lüge ...": Verlogenheit sprachlicher Zeichen,
- „Ein Ersatz für Träume": Betonung der Authentizität von nicht sprachlich vermittelten Bildern; Gedanke der „Stummheit".

Zu Aufgabe 4:

F. Mitterwurzer wird als Ausnahme gesehen, da er noch Herr über die Worte (also Subjekt der Sprache) ist und deren Essenz zu offenbaren versteht.

Zu Aufgabe 5:

Beispiel: These H. v. Hofmannsthals, dass die Zeit „sprachlose" Künste bevorzuge.
Mögliche Gesichtspunkte: derzeitige Rolle der Musik im Leben vor allem von Jugendlichen; andererseits aber nie gekannte Präsenz des Worts in moderner Informationsgesellschaft; Rolle von Literatur, Musik und Kunst insgesamt in moderner Gesellschaft im Verhältnis zur Zeit um 1900.

Zu Karl Kraus

Karl Kraus

Der Optimist und der Nörgler

(Aus: Ders.: Die letzten Tage der Menschheit, Schriften, Band 10. © Suhrkamp Verlag, Frankfurt/Main 1986, S. 195 ff.)

DER OPTIMIST Ich verstehe Sie nicht. Es gibt gute und böse Menschen im Krieg. Sie sagen doch selbst, dass er nur die Kontraste vergrößert hat.

5 DER NÖRGLER Gewiss, auch den zwischen mir und Ihnen. Sie waren schon im Frieden ein Optimist und jetzt –

DER OPTIMIST Sie waren schon im Frieden ein Nörgler und jetzt –

10 DER NÖRGLER Jetzt geb' ich sogar der Phrase die Blutschuld.

DER OPTIMIST Ja, warum sollte der Krieg Sie von Ihrer fixen Idee befreit haben?

DER NÖRGLER Ganz richtig, er hat mich sogar darin bestärkt. Ich bin mit dem höheren 15 Zweck kleinlicher geworden. Ich sehe einrückend Gemachte und spüre, dass es gegen die Sprache geht. An Drahtverhauen hängen die blutigen Reste der Natur.

DER OPTIMIST Wirklich also, mit Grammatik 20 wollen Sie den Krieg führen?

DER NÖRGLER Das ist ein Irrtum, mich interessiert kein Reglement, nur der lebendige Sinn des Ganzen. Im Krieg geht's um Leben und Tod der Sprache. Wissen Sie, was geschehen 25 ist? Schilder und Schilde sind nicht mehr zu unterscheiden, und alle, die nur ein Schild und einen Verdienst gehabt haben, werden dereinst ein Verdienst und einen Schild haben. So mischen sich die Sphären und die 30 neue Welt ist blutiger als die alte, weil sie den furchtbaren neuen Sinn furchtbarer macht durch die alten Formen, denen sie geistig nicht

35 entwachsen konnte. Fibel und Flammenwer-
fer! Panier und Papier! Weil wir zum Schwert
greifen, mussten wir zur Gasbombe greifen.
Und wir führen diesen Kampf bis aufs Messer.
DER OPTIMIST Das ist mir zu hoch. Bleiben wir
hübsch in der Wirklichkeit. Es handelt sich in
40 diesem –
DER NÖRGLER Jawohl, es handelt sich in diesem – !
DER OPTIMIST Wenn die Kämpfer nicht ein
Ideal vor sich hätten, würden sie nicht in den
45 Krieg ziehen. Auf Worte kommt es nicht an.
Weil die Völker Ideale vor Augen haben, tragen sie ihre Haut –
DER NÖRGLER Zu Markte!
DER OPTIMIST Nun gerade in der Sprache
50 unserer Armeekommandanten müssten Sie
einen Zug erkennen, der sich von der trivialen
Prosa der von Ihnen verachteten Geschäfts-
welt kräftig abhebt.
DER NÖRGLER Gewiss, insofern diese Sprache
55 bloß eine Beziehung zum Varietégeschäft
verrät. So habe ich in einem Divisions-
kommandobefehl gelesen: ... die, was Hel-
denmut, todesverachtende Tapferkeit und
Selbstaufopferung anbetrifft, das Höchste ge-
60 leistet haben, was erstklassige Truppen überhaupt zu leisten imstande sind ... Sicherlich
hat dem Divisionär eine jener erstklassigen
Truppen vorgeschwebt, an denen er sich im
Frieden oft zu ergötzen pflegte. Das reine
65 Geschäft kommt mehr in der fortwährenden
Verwechslung von Schilden und Schildern
zur Geltung.
DER OPTIMIST Meinen Sie das wörtlich?
DER NÖRGLER Sachlich und wörtlich, also
70 wörtlich.
DER OPTIMIST Ja es ist ein Kreuz mit der Sprache.
DER NÖRGLER Das man auf der Brust trägt. Ich
trag's auf dem Rücken.

DER OPTIMIST Ob Sie das nicht überschätzen? 75
DER NÖRGLER Zum Beispiel so: Ein Volk, sage
ich, ist dann fertig, wenn es seine Phrasen noch
in einem Lebensstand mitschleppt, wo es deren
Inhalt wieder erlebt. Das ist dann der Beweis
dafür, dass es diesen Inhalt nicht mehr erlebt. 80
DER OPTIMIST Wie das?
DER NÖRGLER Ein U-Boot-Kommandant hält
die Fahne hoch, ein Fliegerangriff ist zu Was-
ser geworden. Leerer wird's noch, wenn die
Metapher stofflich zuständig ist. Wenn statt 85
einer Truppenoperation zu Lande einmal eine
maritime Unternehmung Schiffbruch leidet.
Wenn der Erfolg in unsern jetzigen Stellungen
bombensicher war und die Beschießung eines
Platzes ein Bombenerfolg. 90
DER OPTIMIST Ja, diese Redensarten entstam-
men samt und sonders der kriegerischen
Sphäre und jetzt leben wir eben in ihr.
DER NÖRGLER Wir tun es nicht. Sonst wäre der
Schorf der Sprache von selbst abgefallen. 95
Neulich las ich, dass sich die Nachricht von
einem Brand in Hietzing wie ein Lauffeuer
verbreitet habe. So auch die Nachricht vom
Weltbrand.
DER OPTIMIST Brennt's darum nicht? 100
DER NÖRGLER Doch. Papier brennt und hat
die Welt entzündet. Zeitungsblätter haben zum
Unterzünden des Weltbrands gedient. Erlebt
ist nur, dass die letzte Stunde geschlagen hat.
Denn Kirchenglocken werden in Kanonen 105
verwandelt.
DER OPTIMIST Die Kirchen selbst scheinen das
nicht so tragisch zu nehmen, denn sie stellen
die Glocken vielfach auch freiwillig zur Ver-
fügung. 110
DER NÖRGLER Krieg sei ihr letzt Geläute. Die
Verwandtschaft von Requiem und Mörser
stellt sich allmählich doch heraus.

AUFGABENSTELLUNGEN

1. Listen Sie knapp die Gesprächsthemen des Nörglers und des Optimisten auf.
2. Erläutern Sie an einigen selbst gewählten Beispielen aus dem Text, wie der Nörgler die Veränderung der Sprache durch den Krieg analysiert und einschätzt.
3. Erörtern Sie, inwieweit man behaupten kann, dass Karl Kraus' „Nörgler" durch Sprachkritik Gesellschaftskritik bzw. Kritik am Krieg übt.
4. „Kollateralschäden" (von lat. latus = Seite) oder „zivile Todesopfer des Krieges" – wie geht unsere Zeit sprachlich mit Kriegen um?

VORAUSSETZUNGEN

Die üblichen Fertigkeiten, Fähigkeiten und Kenntnisse zum Anfertigen von Textbearbeitungen. Genaue Kenntnis des Textes von Karl Kraus (SB ▶ S. 37 ff.).

ERWARTUNGSHORIZONT

Zu Aufgabe 1:
Auflistung der Gesprächsthemen:
- Veränderung der Menschen durch Krieg
- (Mit-)Schuld der Phrase am Krieg
- Täuschung und Vertuschung durch Sprache
- Rolle der so genannten Ideale
- Rolle der Sprache beim Verbreiten verlogener Ideale
- Rolle der Wirtschaft im Krieg
- Rolle der Presse im Krieg
- Rolle der Kirche im Krieg

Zu Aufgabe 2:
Erstes Beispiel:
Schild – Verdienst
Schild: maskulinum: Schutzwaffe
neutrum: Platte mit Aufschrift, z. B. Ladenschild
Verdienst: maskulinum: Gewinn, Gehalt, Einkommen
neutrum: Tat zum Wohle aller; Anspruch auf Anerkennung
Wortgebrauch im Frieden: Koppelung von Schild (neutrum) und Verdienst (maskulinum); also: normales Geschäftsleben
Wortgebrauch im Krieg: Koppelung von Schild (maskulinum) und Verdienst (neutrum); also: Soldatenleben
Problem: Es werden oberflächlich gesehen die gleichen Worte verwandt; der „furchtbar neue Sinn" ist hinter „alten Formen" verborgen.

Zweites Beispiel: Ein Fliegerangriff ist „zu Wasser geworden" – metaphorische Phrasen zeigen erst beim „Wörtlich-Nehmen" ihre „sachliche" Bedeutung.

Zu Aufgabe 3:
Sprachkritik und Gesellschaftskritik
In diesem Textausschnitt lässt sich K. Kraus' Intention, durch Sprachkritik Kritik am Krieg zu üben, besonders deutlich belegen: „… die neue Welt ist blutiger als die alte, weil sie den furchtbaren neuen Sinn furchtbarer macht durch die alten Formen, denen sie geistig nicht entwachsen konnte." Der schnell zum entsetzlichen Gemetzel gewordene Krieg wird im Namen von „Idealen" geführt, die K. Kraus als „Phrasen" bezeichnet und deren (gefährliche, weil todbringende) Verlogenheit er durch viele Beispiele, die durch überraschende Pointen bestechen, entlarvt.

Zu Aufgabe 4:
Die Schülerinnen und Schüler haben am Ende des 20. und zu Beginn des 21. Jahrhunderts viele Erfahrungen mit sprachlicher Darstellung von Kriegen (Sprache der Politiker; Medienberichterstattung) machen müssen und können von daher sicherlich viele moderne Belege für den Versuch, das Grauen des Krieges und die wirklichen Zusammenhänge zu verharmlosen und zu vertuschen, anführen („Im Krieg stirbt zuerst die Wahrheit").

Zur Sapir-Whorf-These: Anne Perry

In ihren historischen Kriminalromanen lässt Anne Perry häufig die junge Krankenschwester Hester Latterly, die nach der Teilnahme am Krimkrieg als Privatpflegerin tätig ist, Nachforschungen anstellen. In „Stilles Echo" pflegt sie Rhys Duff. Rhys ist bei einem Überfall in St. Giles, dem sein Vater Leighton zum Opfer gefallen ist, schwer verletzt worden und leidet seitdem unter Sprachverlust.

In dem Textausschnitt unterhalten sich Hesters Arbeitgeberin, Rhys' Mutter Sylvestra, und deren Freundin Fidelis. Hester ist zu einer Tasse Tee eingeladen worden und nimmt deshalb am Gespräch teil.

Anne Perry

Frauengespräch

(Aus: Anne Perry: Stilles Echo. Goldmann Verlag, München 2000, S. 149 ff.)

Hester wurde so weit in das Gespräch mit einbezogen, wie es der gute Ton notwendig machte. Dann fragte Fidelis Hester nach ihren Erfahrungen auf der Krim. Ihr Interesse
5 schien durchaus echt zu sein.

„Es muss ein ganz merkwürdiges Gefühl für Sie sein, nach all den Gefahren und der großen Verantwortung Ihrer Position dort nun wieder in England zu sein", sagte sie mit
10 gefurchter Stirn.

„Es war schwierig, meine Einstellung zu den Dingen zu ändern", gab Hester zu. Das war eine gewaltige Untertreibung, da ihr das im Grunde bis auf den heutigen Tag vollkommen
15 unmöglich gewesen war. Sie hatte mit sterbenden Männern, furchtbaren Verletzungen und Entscheidungen über Leben und Tod zu tun gehabt, und einen Monat später schon verlangte man von ihr, sich wie ein gehor-
20 samer und dankbarer Dienstbote zu benehmen, der zu keinen wichtigeren oder umstritteneren Themen als Kleidersäumen oder Pudding eine eigene Meinung zu haben hatte! Fidelis lächelte, und in ihren Augen blitzte ein
25 Funke der Belustigung auf, als hätte sie eine Ahnung, wie es in Wahrheit aussah.

„Haben Sie schon Dr. Wade kennen gelernt? Aber ja, natürlich. Er hat viele Jahre lang in der Marine gedient, wussten Sie das? Ich könnte
30 mir denken, dass Sie einiges mit ihm gemeinsam haben. Er ist ein überaus bemerkenswerter Mann von großer Entschlossenheit und Charakterstärke."

Hester erinnerte sich an Corriden Wades Ge-
35 sicht, als er auf dem Treppenabsatz stand und ihr von den Seeleuten erzählte, die er gekannt hatte, den Männern, die unter Nelson gekämpft hatten.

„Ja", sagte sie mit überraschendem Nach-
40 druck. „Ja, das ist er. Er hat mir ein wenig von seinen Erfahrungen erzählt."

„Ich weiß, dass mein Gatte ihn sehr bewunderte", bemerkte Sylvestra. „Er hat ihm zwanzig Jahre sehr nahe gestanden. Am Anfang
45 kannten sie sich natürlich noch nicht so gut. Das war in der Zeit, bevor er endgültig an Land kam." Einen Augenblick lang nahm ihr Gesicht einen nachdenklichen Ausdruck an, als sei ihr etwas anderes eingefallen, etwas,
50 das sie nicht verstand. Dann war der Eindruck verflogen, und sie wandte sich wieder an Fidelis. „Es ist schon merkwürdig, wie viele Dinge im Leben eines anderen Menschen man nicht mit ihm teilen kann, auch wenn man ihn jeden
55 Tag sieht und über alles Mögliche mit ihm redet und ein Heim und eine Familie gemeinsam hat, ja, sogar ein gemeinsames Schicksal. Und doch ereigneten sich die Dinge, die Leighton in seinem Denken und Fühlen sehr
60 geformt haben, alle an Orten, die man selbst nie gesehen hat. Dinge, die sich von allem unterscheiden, was man selbst je erlebt hat."

„Ja, da hast du wohl Recht", entgegnete Fidelis langsam, während ihre hellen Augenbrauen
65 sich kaum merklich zusammenzogen. „Man kann so vieles mit ansehen, ohne es jemals zu verstehen. Wir haben scheinbar dieselben Erlebnisse, aber wenn wir später darüber sprechen, sind es zwei vollkommen verschiedene
70 Erinnerungen, und es ist, als sprächen wir gar nicht über denselben Vorfall. Früher habe ich mich immer gefragt, ob es einfach eine Sache des Gedächtnisses sei. Jetzt weiß ich, dass es im Grunde vor allem um unterschiedliche
75 Wahrnehmung geht. Das ist wahrscheinlich ein Teil des Erwachsenwerdens." Sie lächelte

schwach, ein Lächeln, das ihrer eigenen Torheit zu gelten schien. „Es wird einem klar, dass die Menschen nicht zwangsläufig genauso fühlen oder denken, wie man selbst es tut. Manche Dinge lassen sich einfach nicht vermitteln."

„Wirklich nicht?", fragte Sylvestra herausfordernd. „Aber dafür ist uns doch die Sprache gegeben worden?"

„Worte sind lediglich Etiketten", erwiderte Fidelis und sprach damit aus, was Hester dachte. Hester selbst hatte das Gefühl, dass es ihr nicht zukäme, ihre Meinung zu diesem Thema zu äußern. „Worte sind doch nur eine Möglichkeit, einen Gedanken zu beschreiben. Wenn man nicht weiß, worin der Gedanke eigentlich besteht, dann wird einem das Etikett auch nicht weiterhelfen."

Sylvestra war sichtlich verwirrt. „Ich erinnere mich daran, wie Joel versuchte, mir irgendwelche griechischen oder arabischen Vorstellungen zu erklären", versuchte Fidelis ihre Worte zu erläutern. „Ich habe ihn nicht verstanden, weil wir in unserer Kultur kein solches Konzept haben." Sie lächelte kläglich. „Am Ende konnte er lediglich das Wort aufgreifen, das wir dafür haben. Es hat mir nicht im Mindesten weitergeholfen. Ich hatte immer noch keine Ahnung, worum es ging." Sie sah Hester an. „Können Sie mir sagen, wie es ist, einen jungen Soldaten in Scutari an Cholera sterben zu sehen? Oder die Wagenladungen verstümmelter Leiber heranziehen zu sehen, die aus Sebastopol oder Balaclara kamen, mit Männern, von denen viele an Hunger und Kälte starben? Ich meine, können Sie mir das so erklären, dass ich fühlen werde, was Sie gefühlt haben?"

„Nein." Das eine Wort war genug. Hester betrachtete diese Frau mit dem außergewöhnlichen Gesicht noch gründlicher als zuvor. Zuerst hatte sie lediglich den Eindruck einer dieser vornehmen Frauen mit einem erfolgreichen Mann gemacht, die hereingekommen war, um einer trauernden Freundin ihr Beileid auszudrücken. Doch während dieser Unterhaltung, die als triviale Nachmittagskonversation begonnen hatte, war sie auf eines der Mysterien der Einsamkeit und des Missverständnisses zu sprechen gekommen, die so viele unbefriedigende Beziehungen kennzeichnen. Hester sah in Sylvestras Augen das jähe Aufflackern von Verständnislosigkeit. Vielleicht ging die Kluft zwischen ihr und Rhys tiefer, als sein Verlust der Sprache es rechtfertigte? Vielleicht hätten auch Worte ihr nicht klarmachen können, was ihm wirklich widerfahren war? Und was war mit Leighton Duff? Wie gut hatte sie ihn wirklich gekannt? Dass dieser Gedanke auch Sylvestra gekommen war, stand deutlich in ihren dunklen Augen geschrieben.

Auch Fidelis beobachtete Sylvestra, und ihr asymmetrisches Gesicht verriet Sorge. Wie viel hatte man ihr erzählt, und wie viel hatte sie sich, was diese Nacht betraf, zusammengereimt? Hatte sie irgendeine Ahnung, warum Leighton Duff nach St. Giles gegangen war? „Nein", brach Hester das Schweigen. „Ich glaube, dass es immer Erfahrungen geben wird, die wir nur unvollkommen mit anderen teilen können."

Fidelis lächelte flüchtig, und wieder war der Schatten unter ihren Augen zu sehen. „Das Klügste, meine Liebe, ist, eine gewisse Blindheit zu akzeptieren und weder sich noch anderen allzu große Vorwürfe zu machen. Man muss nach seinen eigenen Maßstäben Erfolg haben, nicht nach den Maßstäben anderer."

Es war eine merkwürdige Bemerkung, und Hester hatte den flüchtigen Eindruck, dass sie eine tiefere Bedeutung hatte, die nur Sylvestra verstehen konnte. Sie war sich nicht sicher, ob Fidelis' Worte sich auf Rhys bezogen oder auf Leighton Duff, oder ob es um irgendeinen Teil von Sylvestras Leben ging, der mit deren Unglück zusammenhing. Was es auch war, Fidelis Kynaston hatte den Wunsch, Sylvestra davon zu überzeugen, dass sie sie verstand.

AUFGABENSTELLUNG

1. Stellen Sie zusammen, was man in dem Textausschnitt über die Lebenssituation der drei Frauen erfährt.
2. Eines der Hauptthemen des Gesprächs der drei Frauen ist die Schwierigkeit sprachlicher Kommunikation. Beschreiben Sie, auf welche Aspekte die drei Gesprächspartnerinnen hinweisen und fassen Sie diese auf einer sprachphilosophischen Ebene zusammen.
3. Zeigen Sie an einigen selbst gewählten Beispielen aus dem Text, dass auch die Kommunikation der drei Frauen misslingt, und untersuchen Sie, warum dies der Fall ist.

ERWARTUNGSHORIZONT

Zu Aufgabe 1:

Lebenssituation der drei Frauen:

Hester: leidet an dem Bruch in ihrem Leben zwischen ihrer selbstständigen und verantwortungsvollen Tätigkeit im Krieg und ihrem niedrigen, dienenden sozialen Status im Frieden.

Sylvestra: scheint fast mehr an einem dunklen Familiengeheimnis zu leiden als an der Katastrophe, die ihre Familie getroffen hat.

Fidelis: scheint ein relativ freies Leben führen zu können, intellektuell vergleichsweise unabhängig. Sie ist sensibel und loyal und versucht, der Freundin einen Rat zur Bewältigung ihrer seelischen Not zu geben, ohne das Gemeinte deutlich aussprechen zu können/wollen.

Zu Aufgabe 2:

- Probleme sprachlicher Kommunikation
- prinzipielle Kommunikationsbarrieren, die auf unterschiedlichen Lebensgeschichten und Erfahrungen beruhen, die nie vollständig vermittelbar sind
- individuell unterschiedliche Wahrnehmungs- und Erkenntniswege verursachen substanzielle Kommunikationsnot
- Wörter sind nur Etiketten, also Bezeichnungen, die aber das Bezeichnete nicht genau fassen können

Sprachphilosophisch: Fidelis spricht tendenziell die Sapir-Whorf-These (LB ▶ S. 6 f.) an.

Zu Aufgabe 3:

Gründe des Misslingens der Kommunikation in dem Textausschnitt sind beispielsweise:

- soziale Asymmetrie – Hester kann sich aufgrund ihrer sozialen Position nicht gleichberechtigt in das Gespräch einbringen und verschweigt ihre Gedanken häufig.
- Konventionen – Fidelis kann nicht aussprechen, sondern nur vage andeuten, was sie der Freundin sagen will, weil das Aussprechen den Bruch der Konventionen ihrer Gesellschaftsschicht (Diskretion u. a.) bedeuten würde.
- Worte – Begriffe sind abstrakte Generalisierungen, die individuelle Wahrnehmungen/Empfindungen (Hesters Erfahrungen im Krieg, Sylvestras Sorgen) nicht einmal annähernd genau nachvollziehbar machen.

Zu Hugo von Hofmannsthal: Florindo

Hugo von Hofmannsthal

Ein Gespräch

(Aus: Ders.: Florindo. Bibliothek Suhrkamp, Frankfurt/M. 1963, S. 61 ff.)

Florindo, ein Casanova nachempfundener, aber bindungsscheuer Frauenverführer, trifft in Venedig zufällig mit Cristina zusammen. Cristina ist ein junges, wohl behütetes
5 Mädchen vom Lande, das sich mit ihrem Onkel, einem Pastor, für kurze Zeit in der Stadt aufgehalten hat, um einen Ehemann zu finden. Ihr Unterfangen war erfolglos; ihre Abreise steht unmittelbar bevor. Florindo, von
10 Cristinas Anblick entzückt, versucht vergeblich, den Onkel zu einer Verlängerung des Stadtbesuchs zu überreden.

PFARRER Geh nur, mein Kind, unterhalte dich mit diesem Herrn. Warum sollten nicht die letzten Minuten in dieser schönen Stadt einem 15
harmlosen Vergnügen geweiht sein. Ich will mich unterdessen umsehen, ob alles in Ordnung ist. Im letzten Augenblicke wollen wir dich abrufen. *Geht mit Pasca zu der Barke.*
CRISTINA Der Onkel hat ganz Recht, was 20
würde denn auch anders werden, wenn wir gleich ein halbes Jahr hierblieben? Haben mir nicht meine Bekannten alle gesagt, dass sie entzückt von mir sind, und jetzt hat nicht einmal ein Einziger um fünf Uhr früh aufstehen 25
wollen, um mir Lebewohl zu sagen.
FLORINDO Pfui über den Lumpen, der Wörter in den Mund nimmt, die er nicht Manns genug ist, einmal im Leben durch und durch zu fühlen! Wenn ich entzückt bin – so, wie ich 30
mich an Ihnen entzücken könnte, schönste

Cristina, so fährt mir das Wort nicht über die Zähne, außer wenn ein selbstvergessener Seufzer des Verlangens es taumelnd mit sich
35 reißt – aber die Essenz davon, das Ding selber, wovon das Wort nur die Aufschrift ist, die kocht und gärt in meinen Adern, wirft mich sehnsüchtig hin, wenn ich aufrecht stehe – *Teresa kommt aus dem Hause, tritt zu Flo-*
40 *rindo mit seinem Hut und Mantel. Da er sie gar nicht beachtet, legt sie beides hinter seinem Rücken auf die Erde. Florindo fährt fort, ohne sie überhaupt zu bemerken:* Vergällt mir den Schlaf, schnürt mir die Kehle beim
45 Essen und lässt mich nicht eher in den schlaffen Zustand der Gewöhnlichkeit zusammensinken, als bis ich mein Ziel erreicht habe.

CRISTINA Aber Sie haben es ja noch nie erreicht, dieses Ziel – also müssen Sie noch nie
50 von einer Frau so sehr entzückt gewesen sein.

FLORINDO Wie? Wie meinen Sie das?

CRISTINA Nun, wenn Sie vom Ziel reden, da meinen Sie doch wohl nicht, nur so mit einer zusammen sein und ihr den Hof machen, son-
55 dern Sie meinen doch das letzte Ziel.

FLORINDO Allerdings meine ich das letzte, süße Cristina.

CRISTINA Jetzt bin ich irre. Was verstehen Sie denn darunter?

60 FLORINDO Muss ich Ihnen das sagen, Cristina? Ich denke, Sie verstehen mich sehr gut ohne Worte.

CRISTINA Nun ja freilich, was könnten Sie auch anderes meinen?

65 FLORINDO Nicht wahr, zwischen dem Wesen, das entzückt, und dem Wesen, das fähig ist, Entzückung zu fühlen –

CRISTINA Freilich, zwischen Männern und Frauen, das ist doch wohl klar.

70 FLORINDO Ich denke wohl, es ist klar. Wollten Sie ihm einen Namen geben?

CRISTINA Warum nicht? Ich bin nicht so zimperlich.

FLORINDO *dicht bei ihr:* Sie sind ein Engel!

CRISTINA Nun, eine ordentliche Trauung in 75 der Kirche mit Zeugen und allem, wie es sich schickt.

FLORINDO *tritt zurück:* Allerdings! – *Er ist stumm.*

CRISTINA *munter:* Sehen Sie, jetzt wird Ihnen 80 die Zeit mit mir schon lang und die Bootsleute sind immer noch nicht fertig. Da dürfen Sie nichts über junge Herren sagen, die mir doch mindestens durch vierzehn Tage den Hof gemacht haben. 85

FLORINDO Wie haben sie Ihnen den Hof gemacht, Cristina?

CRISTINA Nun, wie man's eben macht. Sie sind zur Konversation gekommen. Sie haben uns eingeladen. Einer hat mir jeden Morgen ge- 90 schrieben –

FLORINDO Die Affen, die! Die Schmachtlappen!

CRISTINA Sie schimpfen auf sie und kennen sie gar nicht. Wie würden denn Sie es machen? 95

FLORINDO Was hat es für einen Zweck, Ihnen das zu sagen, da wir in weniger als fünf Minuten Abschied nehmen und einander voraussichtlich nie im Leben wiedersehen werden.

CRISTINA Natürlich, es hat gar keinen Zweck. 100 Aber Sie sehen, mein Onkel ist noch beschäftigt, Geld wechseln zu lassen. Sagen Sie mir doch immerhin, wie Sie es machen würden. Ich habe dann etwas, woran zu denken mich unterhalten wird. 105

FLORINDO Wie ich es anfangen würde? Ich hätte nicht die Kraft, einen Plan auszuführen, und vor allem nicht die Lust, einen Plan zu entwerfen. Ich würde mich an Sie hängen von früh bis Abend, das wäre mein ganzer 110 Plan. Denn ich wäre zu eifersüchtig, um von irgendeiner Sache, die Sie tun, nicht Zeuge sein zu wollen, und wäre es die alltäglichste und kleinste.

AUFGABENSTELLUNGEN

1. Verfassen Sie eine Inhaltsangabe des Gesprächs.
2. Charakterisieren Sie Florindos und Cristinas Verhalten im Gespräch.
3. Analysieren Sie das Missverständnis zwischen Florindo und Cristina.
4. Deuten Sie Florindos plötzliches Verstummen.

Produktive Aufgabenstellungen

● Schreiben Sie zwei Texte, in denen Cristina und Florindo jemand Vertrautem über die Begegnung berichten.
● Verfassen Sie eine Fortsetzung des Gesprächs.

ERWARTUNGSHORIZONT

Zu Aufgabe 2:
Cristina will ihren Stadtaufenthalt bis zum letzten Moment auskosten, im Gespräch verhält sie sich sowohl zielstrebig (weil sie ihr Ziel – Eheschließung – keinen Augenblick vergisst) als auch, wenngleich naiv und ungeplant, kokett. Offensichtlich hat sie noch keine Erfahrung mit der Liebe gemacht, und Florindos Verführungsstrategie durchschaut sie nicht, wenn sie immer auf der vermeintlich inhaltlichen Ebene – einer Diskussion über Ehe – reagiert und seine Andeutungen auf der Beziehungsebene – er inszeniert kunstvoll eine Verführung – nicht wahrnimmt. Florindo seinerseits ist ein Meister der verbalen Verführung und der Doppeldeutigkeit.

Zu Aufgabe 3:
Ein gutes Beispiel dafür, wie Cristina und Florindo aneinander vorbeireden, ist die Gesprächssequenz um das „Ziel", über das sie sich einig zu sein scheinen: Für Cristina ist das Ziel in der Beziehung zwischen einem Mann und einer Frau „eine ordentliche Trauung", für Florindo hingegen die sexuelle Begegnung. Wenn Cristina so offen über dieses Ziel spricht, dabei erläutert, nicht „zimperlich" zu sein, steigert sich Florindos Entzücken und seine Begierde; sein „concept" für das Ziel allerdings vermag er nicht so einfach auszusprechen („Sie verstehen mich sehr gut ohne Worte"), da das Aussprechen die verführerisch-romantische Aura, die er der Begegnung geben will („Sie sind ein Engel"), zerstören würde.

Zu Aufgabe 4:
Folgerichtig verstummt Florindo, als das Missverständnis aufgeklärt wird.

Zum Kino: Alfred Kerr

Alfred Kerr
Kino (1912/13)

(Aus: Kaes, Anton [Hrsg.]: Kino-Debatte. Texte zum Verhältnis von Literatur und Film 1909–1929. Deutscher Taschenbuchverlag, München; Max Niemeyer Verlag, Tübingen 1978, S. 75 ff.)

Tägliche Filmnachricht. Reinhardt[1]. Inszenesetzer. Ixtausend Mark. Auch Kampf der Poeten untereinander. Für. Gegen …

Was ist es mit dem Lichtspiel?

5 Kann es die Menge von seelisch Höherem, wobei mehr Nachdenken erforderlich, weglocken? Amerikanisierung des inneren Menschen? Verflachung seines geistigen Lebens? Zurückschrauben der Entwicklung?

10 Ja.

Nicht alle die Markstücke, welche dem Lichtspiel zufließen, werden dem Theater entzogen (sondern viele bloß dem Tingeltangel, dem Zirkus) – das Theater leidet aber wirtschaftlich. 15

Mimik haben auch die Tiere; die Sprache wurde den Menschen gegeben; warum sich ihrer für den künstlerischen Ausdruck entschlagen? Warum auf die Ebene der Taubstummen hinabsteigen? Die besten Unterscheidungen, die wir machen können, lassen sich durch kein Bild, das stumm ist (wenn auch mit Klavierbegleitung), ausdrücken. Aber … 20

Aber merkwürdig, daß trotz diesen Erwägungen der Kintopp auch uns Verfeinerten Lockendes gibt. 25

Ich bin ein abgehärteter Theatergast, kenne viele Sorten von Wirkungen – und fliege doch auf eine Lichtspielbegebenheit. Ein Bübchen, von der Mutter gut, vom Stiefvater schlecht behandelt. Was tun? Flucht. Schiffsjunge … 30
Nach Jahren sehen wir einen gebräunten stattlichen Jüngling wieder, der in der Neuen Welt

1 **Max Reinhardt:** österreichischer Theaterregisseur (1873–1943), der als Theaterdirektor in Berlin eine Theaterreform durchführte (vom Naturalismus zum Impressionismus).

35 sein Glück gemacht hat. Da packt ihn die Sehnsucht nach der alten Mutter ... Die letzten Habseligkeiten der alten Frau sollen eben gepfändet werden – da tritt der Sohn ins Zimmer ... vertreibt den Exekutor, nachdem er die
40 geforderte Summe bezahlt hat, die Mutter sinkt ihm in die Arme. Das alles ist schafsdumm; ich weiß. Aber man merkt plötzlich, daß einem „etwas in die Augen schießt". Wie ist es zu erklären?
45 Es ist ja nicht ein einziges Wort gesprochen worden ... Eben darum! Wenn ein Schauspieler zu dergleichen abgestandenem Rührzeug die entsprechenden Phrasen redete, würde man aus der Stimmung gerissen – man müßte
50 lachen; Worte wenden sich an den Verstand; man käme zum Bewußtsein, wie kindlich, wie dagewesen alles ist, man erinnerte sich an Stücke der Vor-Birch-Pfeifferschen[2] Zeit ... Hier aber wird kein Wort geredet, – die
55 stärkste Möglichkeit zur Störung somit ausgeschaltet – man kann sich selber vorstellen, daß die Mutter ergreifende Worte lallt; daß der Sohn was Ergriffen-Inniges hervorpreßt. Jeder stellt sich die Worte so vor, wie er selber
60 sie sagen würde – nicht wahr? (Da kann er nicht aus der Stimmung gerissen werden ...) Andere Momente, die erstaunlich sind; etwa folgendes: Man sieht ein Napoleondrama; irgendein junger Verwundeter liegt hinter den
65 Vorhängen eines Schloßbettes; die Vorhänge sind sehr hübsch ... Aber wenn ich sie in der Wirklichkeit oder nur in der Wirklichkeit

eines gesprochenen Theaterstückes auf den Brettern sähe, machten diese Vorhänge kaum
70 einen Eindruck – sie entzücken einen dennoch hier; warum? Es ist kein Entzücken über die Vorhänge – sondern ein Entzücken über Fortgeschrittenheiten fotografischer Kunst. Man staunt, wie
75 „getreu" die Vorhänge wackeln (auf der Bühne jedoch, wenn dort ein Bettvorhang wackelt, bemerkt man es kaum) ... Soweit hat im Kintopp der Zuschauer nicht nur Anteil für das, was an Stofflichem vorgeführt wird – son
80 dern für technische Mittel, durch die man Dinge vorführen kann. Dieser Anteil ist berechtigt. Ein Gebiet für sich. Anteil an mechanischen Entwicklungen. Ich bin der letzte, der dem
85 Kintopp den Hals umdrehen wollte. ...

* * *

Der Dramatiker spricht: „Es kann die Schädlichkeit des Kientopps nur verringern, wenn wir ihm bessere Werke zur Aufführung überweisen." Der Kritiker spricht: „Tatest Du's,
90 weil die Schädlichkeit verringert, ... oder weil deine Einkunft vergrößert wird? Hä?"

* * *

Flüchtiger Gedanke:
Wann erscheint vor Lichttopfgästen
Iphigenie mit Oresten?

R

2 **Charlotte Birch-Pfeiffer (1800–1868):** Schauspielerin und Schriftstellerin von Rührstücken für das Theater.

AUFGABENSTELLUNGEN

1. Analysieren Sie den Text unter Berücksichtigung seiner formalen Besonderheiten und vor dem Hintergrund der Kinodebatte.
2. Setzen Sie ihn anschließend in Beziehung zur Sprachkrise um 1900.

VORAUSSETZUNGEN

● Genaue Kenntnis folgender Texte: Hugo von Hofmannsthal: „Ein Brief" (SB ▶ S. 23 f.) und „Der Ersatz für die Träume" (SB ▶ S. 46 und S. 60 f.) sowie die Textauszüge zur Kinodebatte (Kapitel 3.3)
● Übungen zur Sachtextanalyse (vgl. z. B. SB ▶ hintere Klappe) an ausgewählten Texten zur Kinodebatte und zur Medienkritik (SB ▶ Kapitel 3.3 und 3.4; aufgrund der vergleichbaren formalen Besonderheiten besonders geeignet: Yvan Goll: „Das Kinogramm", SB ▶ S. 55)

ERWARTUNGSHORIZONT

Zu Aufgabe 1:

- Bezug zur Kinodebatte, z. B.: „Kampf der Poeten untereinander" (Z. 2 f., Z. 85 ff.), Rolle des Theaters (Z. 5 f., Z. 28, Z. 66 ff., Z. 85 ff.), Gegensatz von Sprache und stummem Bild (z. B. Z. 16 ff., Z. 45 ff.), „Schundfilme" (z. B. Z. 30 ff., Z. 60 ff.), Klassenunterschiede: ungebildete Menge (z. B. Z. 5, Z. 19) und Gebildete (z. B. Z. 25 f.); Abgrenzung des/der Intellektuellen von der Masse
- dialektischer Argumentationsaufbau: Abwechseln der Pro- und Kontra-Argumente für das Kino (z. B. Z. 24: „Aber ...", Z. 44: „Wie ist es zu erklären?")
- Kontrastpaare (z. B. Z. 3: „Für. Gegen", Z. 7 f.: „Amerikanisierung"/„Verflachung" – „innerer Mensch"/„geistiges Leben")
- Anführen von – namenlosen – Autoritäten (z. B. Z. 26: „uns Verfeinerten", Z. 85 f.: „Der Dramatiker", „Der Kritiker")
- Abwertung in der Betonung ungünstiger Aspekte des Stummfilms:
  pejorative Begriffe in der Wortwahl (z. B. Z. 48 ff.: „Phrasen", „kindlich", „wie dagewesen", „lallt", „hervorpreßt", Z. 92: „Lichttopfgästen"), anspruchslose Filmplots (z. B. Z. 30 ff., Z. 47 ff.)
- saloppe Wortwahl: z. B. „den Hals umdrehen" (Z. 84 f.), „Hä?" (Z. 90)
- assoziativer Nominalstil (z. B. Z. 1 f., Z. 30 ff., Z. 82 f.; Auslassungspunkte): parataktischer Kinostil, der den Eindruck der fragmentierten Wahrnehmung (Großstadt, Film) wiedergibt; „Andere Momente" (Z. 62), „Flüchtiger Gedanke" (Z. 91)
- rhetorische Fragen (z. B. Z. 4 f., Z. 14 f.)
- Stilmischung: assoziative Prosa, Dramatik (Z. 85 ff.), Reim (Z. 92 f.), Asterisken (Z. 84 f. + 91 f.)
- Anspielung auf die filmische Montage in der Wiedergabe des Plots (Z. 6 ff.) durch aufeinanderfolgende Bilder

Zu Aufgabe 2:

Hier könnte insbesondere ein Bezug zu H. v. Hofmannsthal hergestellt werden (vgl. Voraussetzungen):

Die durch das Filmbild hergestellte Nähe zum Ding wird nicht als Möglichkeit der stummen, inneren Kommunikation über metaphorische Bilder wie bei H. v. Hofmannsthal reflektiert (LB ▶ S. 75, Z. 65 ff. „Vorhänge"), sondern lediglich als technische Neuerung (getreue Abbildung) betont („Es ist kein Entzücken über die Vorhänge", Z. 72 ff. – wie bei H. v. Hofmannsthal, z. B. über die Gießkanne). So werden auch die bei H. v. Hofmannsthal wesentliche visuelle Wahrnehmung und die Abkehr vom Wort benannt, aber nicht als Ausweg wahrgenommen (z. B. Z. 43 ff., „Eindruck": Z. 70), ebenso die Verinnerlichung der Bilder (z. B. Z. 50 ff.).

Die Möglichkeiten für eine Kompensation der Sprachkrise hinsichtlich einer Entwicklung des literarischen Stils (Kinostil) werden nicht reflektiert, aber genutzt (vgl. z. B. assoziativer Stil: Z. 1 f., Z. 30 ff., Z. 82 f. und der expressive Sprachgestus insgesamt).

IV. Literaturhinweise und Zusatztexte

LITERATURHINWEISE

Buchheim, L. G. (Hrsg.): Knaurs Lexikon moderner Kunst. Droemer, München 1955
Fähnders, Walter: Avantgarde und Moderne 1890–1933. Metzler Verlag, Stuttgart/Weimar 1998
Faulstich, Werner: Medienkulturen. Wilhelm Fink Verlag, München 2000
Kaes, Anton (Hrsg.): Kino-Debatte. Texte zum Verhältnis von Literatur und Film 1909–1929. dtv, München 1978
Merten, Klaus/Schmidt, Siegfried J./Weischenberg, Siegfried (Hrsg.): Die Wirklichkeit der Medien. Eine Einführung in die Kommunikationswissenschaft. Westdeutscher Verlag, Opladen 1994
Nickl, Th./Schnitzler, H. (Hrsg.): Arthur Schnitzler – Olga Waissnix. Wien/München/ Zürich 1970
Pias, Claus u. a. (Hrsg.): Kursbuch Medienkultur. Die maßgeblichen Theorien von Brecht bis Baudrillard. DVA, Stuttgart 1999
Schnitzler, Arthur: Anatol. Reclam, Stuttgart 1970

ZUSATZTEXTE

Benn, Gottfried: Ein Wort. Aus: Ders.: Statische Gedichte. © 1948, 2000 by Arche Verlag, Zürich/Hamburg
LB ▶ S. 35

Celan, Paul: Sprachgitter. Aus: Ders.: Sprachgitter. © S. Fischer Verlag, Frankfurt/Main 1959
LB ▶ S. 35

Döblin, Alfred: Das Theater der kleinen Leute. Aus: Kaes, Anton (Hrsg.): Kino-Debatte. Deutscher Taschenbuch Verlag, München; Max Niemeyer Verlag, Tübingen 1978, S. 37 f.
LB ▶ S. 48

Faulstich, Werner: „Jetzt geht die Welt zugrunde ...". Aus: Ders.: Medienkulturen. Wilhelm Fink Verlag, München 2000, S. 171 ff.
LB ▶ S. 54 ff.

Gaarder, Jostein: Ein weißes Kaninchen. Aus: Ders.: Sofies Welt. Carl Hanser, München/ Wien 1993, S. 27 f.
LB ▶ S. 8

Høeg, Peter: Wortloses Verstehen. Aus: Ders.: Fräulein Smillas Gespür für Schnee. Carl Hanser Verlag, München/Wien 1994, S. 199
LB ▶ S. 8

Hofmannsthal, Hugo von: Ein Gespräch. Aus: Ders.: Florindo. Suhrkamp Verlag, Bibliothek Suhrkamp, Frankfurt a. M. 1963, S. 61 ff.
LB ▶ S. 72 f.

Hofmannsthal, Hugo von: Eine Monographie. Aus: Loris. Die Prosa des jungen Hugo von Hofmannsthal. Berlin 1930, S. Fischer Verlag, S. 244 ff.
LB ▶ S. 65 f.

Hofmannsthal, Hugo von: Das Verlobungsgespräch. Aus: Ders.: Der Schwierige. Der Unbestechliche. Fischer Verlag, Frankfurt/Hamburg 1958, S. 97–100.
LB ▶ S. 25 ff.

Hofmannsthal, Hugo von: Der Dichter. Aus: Ders.: Eine Monographie. „Friedrich Mitterwurzer" von Eugen Guglia. Hrsg. Herbert Steiner. Prosa 1, Fischer Verlag, Frankfurt a. M. 1950, S. 265 ff.

Jandl, Ernst: ein gedanken. Aus: Ders.: gedichte & prosa aus dem wirklichen leben. mit grafiken von hans ticha. Büchergilde Gutenberg, Frankfurt a. M. 2000, S. 151
LB ▶ S. 35

Keller, Ursula: Die Fallstricke der Sprache. Aus: Dies.: Böser Dinge hübsche Formel. Das Wien Arthur Schnitzlers. Fischer Taschenbuch Verlag (Nr. 13432), Frankfurt 2000, S. 168
LB ▶ S. 16

Kerr, Alfred: Kino. Aus: Anton Kaes (Hrsg.): Kino-Debatte. Texte zum Verhältnis von Literatur und Film 1909–1929. Deutscher Taschenbuch Verlag, München; Max Niemeyer Verlag, Tübingen 1978, S. 75 ff.
LB ▶ S. 74 f.

Kirsch, Sarah: Meine Worte gehorchen mir nicht. Aus: Dies.: Werke in 5 Bänden. Band 1: Gedichte. © 1999 Deutsche Verlags-Anstalt, Stuttgart
LB ▶ S. 35

Klein, Wolf Peter: Neue Grammatik – Jetzt wird es Zeit: Wege zu einer Syntax der Online-Sprache. Aus: FAZ, 3.1.01
LB ▶ S. 61

Kraus, Karl: Sprache und Krieg. Aus: Ders.: Die letzten Tage der Menschheit. Schriften, Band 10. © Suhrkamp Verlag, Frankfurt/Main 1986, S. 152 ff.
LB ▶ S. 30.

Kraus, Karl: Krieg. Aus: Ders.: Die letzten Tage der Menschheit. Schriften, Band 10. © Suhrkamp Verlag, Frankfurt/Main 1986, S. 157 ff.
LB ▶ S. 30 f.

Kraus, Karl: Der Optimist und der Nörgler. Aus: Ders. Die letzten Tage der Menschheit. Schriften, Band 10. © Suhrkamp Verlag, Frankfurt/Main 1986, S. 195 ff.
LB ▶ S. 67 f.

Mauthner, Fritz: Der Kritiker, Zitate/Aphorismen. Aus: Ders.: Beiträge zu einer Kritik der Sprache. Band 1 und 3. Leipzig 1923
LB ▶ S. 38

Nietzsche, Friedrich: Der Philosoph, Zitate/Aphorismen. Aus: Ders.: Über Wahrheit und Lüge. Kritische Studienausgabe. Hrsg. Giorgio Colli und Mazzino Montinari. dtv, München 1988, S. 875–890
LB ▶ S. 39

Perry, Anne: Frauengespräch. Aus: Dies.: Stilles Echo, Goldmann, München 2000, S. 149 ff.
LB ▶ S. 70 f.

Salten, Felix: Über Schnitzlers hypothetische Versuche. Aus: Hans Ulrich Lindken: Arthur Schnitzler. Aspekte und Akzente. Materialien zu Leben und Werk. Fritz Lang Verlag, Frankfurt/Bern/New York/Paris 1987, S. 55.
LB ▶ S. 14

Schnitzler, Arthur: Die literarische Figur. Aus: Ders.: Das dramatische Werk. Band 9, Fischer Verlag, Franfurt a. M. 1999.
LB ▶ S. 40

Schnitzler, Arthur: Krankenprotokoll Flora Trebitsch 1889. Aus: Hans Ulrich Lindken: Arthur Schnitzler. Aspekte und Akzente. Materialien zu Leben und Werk. Lang Verlag, Frankfurt/Bern/New York/Paris 1987, S. 48–50.
LB ▶ S. 12 f.

Schnitzler, Arthur: Erwachen aus der Hypnose. Aus: Ders.: Anatol. Reclam (RUB 8399), Stuttgart 1970, S. 17 ff.
LB ▶ S. 16 f.

Schnitzler, Arthur: Ich. Novelette. Aus: Arthur Schnitzler: Sein Leben. Sein Werk. Seine Zeit. Heinrich Schnitzler u. a. (Hrsg.), Fischer Verlag, Frankfurt a. M. 1981, S. 345–347.
LB ▶ S. 41 ff.

Schwitters, Kurt: Die zute tute. Zitiert nach: Zeitgenossen aller Zeiten. Hrsg. v. Rosemarie Wildermuth, Ellermann Verlag, München 1981, S. 239.
LB ▶ S. 35

Swift, Jonathan: Gullivers Reisen. Aus: Heidrun Pelz: Linguistik für Anfänger. Hoffmann und Campe, Hamburg 1987, S. 17
LB ▶ S. 21

Tucholsky, Kurt: Danach. Aus: Ders.: Gesammelte Werke. © 1960 by Rowohlt Verlag, Reinbek bei Hamburg
LB ▶ S. 49

Wandruszka, Marie-Luise: Karl, der Schwierige. Aus: Dies.: Über die Figuren der Komödie. Aus: Hugo von Hofmannsthal: Der Schwierige. Hrsg. Burgtheater Wien 1991/92 (Heft 78), S. 92 f.
LB ▶ S. 23

Whorf, Benjamin Lee: Sprache, Denken, Wirklichkeit. Beiträge zur Metalinguistik und Sprachphilosophie. Rowohlt Verlag (rowohlts deutsche enzyklopädie), Reinbek bei Hamburg 1963, S. 12.
LB ▶ S. 7

Redaktion: lüra – Klemt & Mues GbR, Wuppertal
Umschlaggestaltung: Knut Waisznor
Layout und technische Umsetzung: Ralf Franz, Stürtz AG Berlin

www.cornelsen.de

Dieses Werk berücksichtigt die Regeln der reformierten Rechtschreibung und Zeichensetzung.
Bei den mit R gekennzeichneten Texten haben die Rechteinhaber einer Anpassung widersprochen.

2. Auflage, 1. Druck 2007 / 06

© 2002 Cornelsen Verlag, Berlin

Druck: Druckhaus Berlin-Mitte

ISBN 978-3-464-60895-1

Inhalt gedruckt auf Recyclingpapier, hergestellt aus 100 % Altpapier.